Guérir par la médecine ayurvédique

De Kiran Vyas

L'Ayurvéda au quotidien : pratiques de santé de l'Inde, Recto Verseau, 1996.

Yoga des yeux, Recto Verseau, 1999.

Recettes végétariennes de l'Inde selon l'Ayurvéda, La Plage, 2004.

Le Massage des bébés selon la tradition ayurvédique (avec Danielle Belforti et Sandrine Testas-Lemasson), Marabout, 2005.

La Science secrète des marmas, Recto Verseau, 2007.

De Marie Borrel

Ces plantes qui nous veulent du bien, Phare International, 2000.

Le Stress n'est pas une fatalité (avec Philippe Maslo), Presses du Châtelet, 2000.

60 conseils pour retrouver un sommeil de rêve, Hachette Pratique, 2001.

81 façons de se réconcilier avec son corps, Guy Trénadiel Éditeur, 2001.

Le Guide des élixirs énergétiques, Guy Trénadiel Éditeur, 2001.

Les Plantes et leurs vertus, Le Chêne, 2002.

L'Envie de guérir (avec Ronald Mary), Rocher, 2003.

60 conseils anti-douleur, Hachette Pratique, 2004.

300 conseils bien-être (avec Anne Dufour), Hachette Pratique, 2004.

L'Homéopathie pour toute la famille, Seine, 2004.

Les Clés du bien-être au quotidien : pour être au top dans sa tête et dans son corps, Solar, 2005.

La Détente absolue : le massage coréen, Guy Trénadiel Éditeur, 2006.

Guide du massage au quotidien : l'harmonie du corps et de l'esprit entre vos mains, Solar, 2006.

Soigner la dépression par la médecine chinoise (avec Yves Réquéna), Guy Trénadiel Éditeur, 2006.

Soigner la fatigue par la médecine chinoise (avec Yves Réquéna), Guy Trénadiel Éditeur, 2006.

Kiran Vyas
Marie Borrel

Guérir par la médecine ayurvédique

Illustrations de Louis-Marie Lécharny

Marabout

Introduction

Depuis plusieurs millénaires, en Inde, des préceptes précis et codifiés, puisés dans des textes traditionnels, enseignent aux hommes les règles d'une vie saine et sereine, dénuée de maladies. C'est l'ensemble de ces règles, sans cesse améliorées, qui constitue l'Ayurvéda. Le terme même porte en lui le sens profond de cette discipline qui, plus qu'une médecine, constitue un véritable art de vivre. En sanskrit, le mot *veda* désigne la *Connaissance*, la *Science*. C'est ainsi que l'on nomme les textes sacrés qui constituent les fondements de la culture indienne. Le mot *ayur* peut être traduit par *Vie*, ou *Force vitale*. L'ensemble signifie donc *Science de la Vie*.

L'Ayurvéda est une sagesse entièrement consacrée à la santé de l'homme, aux moyens de la préserver au jour le jour, aux gestes permettant de soigner les maladies lorsqu'elles apparaissent ; et aussi aux préceptes qui aideront chacun à cultiver son propre épanouissement intérieur. En effet, pour l'Ayurvéda, c'est une évidence : l'homme est un tout, et il n'est pas pensable de soigner son corps sans se soucier de son esprit.

Un peu d'histoire

Le texte fondateur de cette médecine, l'*Agnivesha Samhita*, daterait de 2 500 ans avant Jésus-Christ. C'est du moins ce qu'estiment les érudits et les sages indiens. Ils n'ont jamais pu lire ce texte puisqu'il a disparu dans les remous de l'Histoire. S'ils en connaissent l'existence, c'est que les textes ultérieurs, rédigés entre 500 ans et 200 ans avant Jésus-Christ, y font référence. La légende raconte qu'ils furent écrits avec l'aide de Brahma, l'une des trois divinités fondamentales de la culture indienne, afin de donner aux hommes les outils dont ils avaient besoin pour soulager leurs souffrances.

Le *Sushruta Samhita* et le *Charaka Samhita* délivrent les premiers conseils médicaux, écrits sous forme de versets, qui furent ensuite repris, complétés, adaptés dans des textes ultérieurs sans que jamais leurs fondements ne soient remis en question. C'est toute cette sagesse médicale, mais aussi humaine et spirituelle, que l'Ayurvéda met aujourd'hui à notre disposition. Une sagesse qui s'avère souvent d'une étonnante modernité. L'Ayurvéda fut une médecine environnementale avant l'heure, une médecine globale, holistique, prenant en compte non seulement toutes les dimensions de la personne humaine (physique, psychique, émotionnelle, spirituelle), mais aussi ses relations avec son environnement.

L'Ayurvéda aujourd'hui

Au cours des millénaires, l'Ayurvéda n'a cessé de s'enrichir et de développer les deux axes qui constituent son essence : d'une part, les conseils d'hygiène de vie qui permettent de cultiver sa santé comme un jardinier ses roses ; d'autre part, la pratique médicale qui traite les maladies avérées avec beaucoup de sérieux et de succès. Au point qu'aujourd'hui encore l'Ayurvéda est considéré en Inde comme une médecine à part entière, se déclinant en huit branches : la médecine générale *(Kaya)* ; la chirurgie *(Shalya)* ; l'oto-rhino-laryngologie *(Shalakya) ;* la psychiatrie *(Bhuta Vidya)* ; la pédiatrie *(Kaumara*

Bhritya) ; la toxicologie *(Agada)* ; la réjuvénation *(Rasayana)* ; la science des aphrodisiaques *(Vajikarana)*.

Certes, depuis quelques décennies, la médecine occidentale s'est considérablement répandue dans le sous-continent indien, comme partout ailleurs dans le monde, et c'est à elle qu'est destinée une grande part des fonds publics du pays. Mais la médecine traditionnelle a bien résisté, probablement parce qu'elle constitue la trame de la vie indienne, étroitement tissée avec les habitudes et les comportements quotidiens. Au sein des familles, nombreux sont ceux qui continuent à pratiquer le massage ou le yoga, à organiser leur alimentation selon les règles ayurvédiques, à utiliser des plantes médicinales pour soulager les petits maux de tous les jours.

Si la médecine ayurvédique n'a pas cédé malgré les coups de boutoir de l'industrie pharmaceutique occidentale, c'est probablement grâce à son sérieux et à son efficacité. La formation d'un médecin ayurvédique est longue et rigoureuse : il ne faut pas moins de cinq années d'études, ainsi que deux années de stages (correspondant à notre Internat) et deux ou trois années de pratique auprès d'un maître pour devenir médecin ayurvédique, soit près de dix ans d'études à temps complet. En Inde, la médecine ayurvédique est pratiquée par des médecins de cabinet, mais aussi dans certains services hospitaliers, ou hôpitaux spécialisés. Aujourd'hui, dans ce pays, l'Ayurvéda et la médecine allopathique cohabitent parfaitement. Ces deux démarches peuvent même être complémentaires dans le cadre de certains suivis médicaux complexes au sein desquels l'Ayurvéda prépare le corps aux soins allopathiques, les accompagne pendant le traitement proprement dit, et, en cas de traitement lourd, permet de faciliter l'élimination des substances chimiques et d'accélérer la convalescence à la fin de celui-ci.

On voit même se développer en Inde depuis quelques années des séjours « médicaux » organisés par des tour-opérateurs, destinés à des patients étrangers qui souhaitent suivre des soins dans des hôpitaux ayurvédiques et apprendre les règles de base d'une meilleure hygiène de vie.

Une médecine « en conscience »

Dans l'un des textes fondateurs de l'Ayurvéda, on peut lire : « Si tous les matins, en nous réveillant, nous n'avons pas envie de commencer notre journée souriants et enthousiastes, cela signifie que quelque chose ne fonctionne pas très bien en nous, qu'il y a un déséquilibre, une dysharmonie, un dysfonctionnement. » Cette citation pose bien l'esprit de l'Ayurvéda. Il ne s'agit pas simplement de soigner les maladies. Être en bonne santé est une notion plus large, qui implique que le corps fonctionne correctement et ne porte en lui aucun trouble, mais aussi que le mental est calme et apaisé, que l'on n'est pas perturbé par des émotions négatives ou des pensées malsaines. Plus encore : au lieu de se définir par la négative, comme dans la pensée occidentale, la santé selon l'Ayurvéda est un concept résolument positif. Lorsqu'on est en bonne santé, on ressent de la joie, on est capable d'un enthousiasme paisible, on avance sur un chemin d'évolution personnelle.

Indéniablement, l'Ayurvéda possède une dimension spirituelle. Cette notion est parfois déstabilisante pour les Occidentaux, car nous avons tendance à confondre spiritualité et religion. Il n'est question dans l'Ayurvéda ni de dieux ni de dogme. La spiritualité qui imprègne la plupart des préceptes doit plutôt se comprendre comme une conscience de la Vie qui nous anime, de l'Énergie qui coule en nous et nous relie à la fois à l'Univers et au Divin. Ainsi, l'Ayurvéda est compatible avec tous les systèmes de croyance, dans toutes les cultures.

Une médecine qui n'oublie pas l'environnement

Cet épanouissement, qui est le but ultime de l'Ayurvéda, ne peut s'envisager sans prendre en compte les relations que chaque être entretient avec son environnement. Ainsi, les conseils d'hygiène de vie, tout comme les traitements médicaux, sont différents selon que l'on habite dans une région chaude ou froide, humide ou sèche, montagneuse ou maritime. La saison intervient également dans le diagnostic et la prescription, ainsi que le rythme de vie et même l'heure de la journée. L'humain n'est jamais déconnecté de son milieu, ni de ce qui fait sa particularité : son caractère, ses habitudes, ses émotions récurrentes, son attitude…

Pourtant, il ne s'agit pas d'imposer des règles de vie, ni un comportement individuel ou social. Le but de l'Ayurvéda est de nous montrer ce qui, dans notre quotidien, est « en excès » ou « négatif » pour nous-mêmes. Cela peut toucher au rythme de vie, à la qualité du sommeil, à l'alimentation, au stress, aux relations que nous entretenons avec les autres, aux liens que nous tissons avec le monde qui nous entoure, au respect que nous avons pour la Vie… Ainsi, peu à peu, pouvons-nous organiser notre quotidien pour qu'il nous apporte santé et bien-être.

Cet aspect de l'Ayurvéda est particulièrement important pour les Occidentaux, au regard de tous les excès qui emplissent nos existences : excès d'activité, de stress, de nourriture industrielle, de stimulations sensorielles (surtout visuelles et auditives)… La notion de bien-être a émergé dans les pays occidentaux depuis deux décennies, prenant chaque fois plus d'ampleur, probablement parce qu'elle répond à un besoin croissant dans la population. L'Ayurvéda s'inscrit parfaitement dans ce courant.

L'Ayurvéda anti-âge

De la même manière, le monde occidental découvre depuis une vingtaine d'années les vertus de « l'anti-âge ». L'espérance de vie ne cesse d'augmenter dans les pays occidentaux. Aujourd'hui, une femme peut espérer vivre plus de 84 ans et un homme plus de 77 ans, ce qui représente une augmentation de vingt-cinq années au cours du seul XXe siècle ! Mais cette espérance est étroitement associée à une question : comment préserver sa santé le plus longtemps possible afin que ces années supplémentaires ne soient pas des années de souffrance et de dépendance ? « Le vieillissement n'est pas une manifestation pathologique », explique le docteur Christophe de Jaeger[1]. On ne peut donc pas soigner le vieillissement. Mais on peut entretenir son capital santé. « La santé est un bien infiniment précieux, poursuit-il. Elle mérite qu'on s'y intéresse, afin de la choyer et de la conserver. Trop nombreux sont ceux qui commencent à valoriser leur santé seulement lorsqu'ils la perdent en entrant dans la maladie. La médecine de la longévité est donc une médecine de la santé[2] ! »

Cette notion de « capital santé » se trouve, de fait, au cœur de l'Ayurvéda, même si c'est sous d'autres termes. Depuis des millénaires, cette médecine propose d'entretenir le corps non comme une simple machine, mais comme le réceptacle infiniment précieux à l'intérieur duquel se manifeste la Vie. Notre Vie ! L'Ayurvéda regorge de conseils quotidiens dont le but, à long terme, est de reculer le plus longtemps possible les frontières du vieillissement, de la maladie et de la dépendance.

1. de Jaeger Christophe, Borrel Marie, *La Nouvelle Méthode anti-âge*, Paris, Odile Jacob, 2008.
2. *Ibid.*

L'entretien de la santé, au sens ayurvédique du terme, est une démarche « anti-âge » naturelle.

L'Ayurvéda en Occident

Pour toutes ces raisons, l'Ayurvéda connaît un succès croissant dans le monde occidental. La France, elle, accuse un certain retard dans ce domaine. Dans les pays anglo-saxons, la médecine ayurvédique a pignon sur rue. Le succès de nombreux ouvrages, notamment ceux de l'Américain Deepak Chopra[1], en témoigne. Il existe des centres ayurvédiques en Angleterre, aux États-Unis, en Italie, et même en Grèce. Il est vrai qu'en France, les thérapeutes non médecins n'ont pas le droit de poser un diagnostic, et ne sont autorisés à délivrer des soins qu'en suivant une prescription établie par un médecin. Et nos docteurs diplômés ne sont pas encore toujours enclins à se former à cette pratique, très différente dans son approche de ce qu'on leur a enseigné à l'université.

Pourtant, malgré ces difficultés, l'Ayurvéda se répand. Les massages ayurvédiques sont pratiqués dans de nombreux centres, dans un but de détente et de bien-être. Les principes de base de l'Ayurvéda sont utilisés pour développer des gammes de produits cosmétiques. La cuisine ayurvédique, fondée sur les principes diététiques ancestraux de l'Inde, rassemble de plus en plus d'adeptes. Chaque année, les

1. Deepak Chopra est médecin. Né en Inde, il a émigré aux États-Unis où il a beaucoup œuvré pour la reconnaissance de la médecine ayurvédique. Il dirige, à San Diego (Californie), l'Institut du potentiel humain. Il a publié de nombreux livres, dont certains ont connu un immense succès international, notamment : *Santé parfaite* (Presses du Châtelet, 2005), *Les Sept Lois spirituelles du succès* (1re édition) et *Le Livre des secrets* (Guy Trédaniel Éditeur, 2005).

communications d'un colloque[1] rassemblant des médecins ayurvédiques venus du monde entier sont relayées par les médias. Peu à peu, nous découvrons les incomparables outils que cette philosophie de vie, venue du fond des âges, met à notre disposition. L'Ayurvéda n'a plus de frontières. C'est pourquoi nous vous invitons maintenant à plonger dans cet univers chatoyant afin d'y puiser, loin de tout exotisme, un nouveau bien-être adapté à votre rythme de vie et à votre personnalité…

1. Le Colloque international d'Ayurvéda est organisé chaque mois de mai, par le centre Tapovan à Anneville (Normandie).

1

Un monde d'énergie

Toutes les médecines traditionnelles font intervenir, peu ou prou, la notion d'éléments symboliques. C'est une notion particulièrement importante en Ayurvéda, car d'elle découle ce que les Indiens appellent les Dosha et que les Occidentaux ont malencontreusement baptisé les « humeurs ». Dans notre culture, ce terme renvoie à la médecine hippocratique et désigne les liquides organiques et leurs dérivés dans le corps humain. Les Dosha sont tout autre chose. Il faut comprendre leur nature, embrasser leur profondeur et leur complexité pour pénétrer vraiment dans l'univers de l'Ayurvéda. Les Dosha constituent, en quelque sorte, l'incarnation des éléments naturels en nous. Associés à la notion fondamentale d'énergie, ils sont à la base de ce que nous sommes, à la fois physiquement, mentalement et même spirituellement.

Les cinq éléments de la pensée indienne

Dans la culture indienne, les éléments ne sont pas au nombre de quatre, comme dans la culture occidentale. Les Indiens en comptent cinq :
– l'Éther, ou *Akasha ;*
– l'Air, ou *Vayu ;*
– le Feu, ou *Agni ;*

– l'Eau, ou *Apas ;*

– la Terre, ou *Prithivi.*

Ces termes ne renvoient ni à la matière ni à la manifestation naturelle qu'ils désignent. Ce sont des concepts énergétiques. Pour l'Ayurvéda, tout est énergie ; le monde qui nous entoure aussi bien que notre propre corps et les phénomènes qu'il abrite :

– Lorsqu'ils parlent d'**Éther**, les Indiens font référence à une énergie très légère, très subtile, plus éthérée encore que l'air que nous respirons. L'Éther est intouchable, il échappe à nos cinq sens, ainsi qu'à notre compréhension. C'est l'énergie de l'espace, du Cosmos.

– Imaginons que cette énergie se condense. Dans un premier temps, elle va donner naissance à l'**Air**, une énergie encore insaisissable, invisible, mais déjà moins éthérée que la précédente puisqu'elle possède un début de densité. Nous ne pouvons pas voir l'air, ni le toucher, mais nous pouvons le respirer.

– L'étape suivante est celle du **Feu**. Il n'échappe pas complètement à nos cinq sens, puisqu'on peut le voir, percevoir sa lumière et sa chaleur. Mais le Feu n'a pas encore de matière. Il reste insaisissable, intangible, mouvant. On ne peut pas l'attraper.

– Un peu plus dense encore est l'énergie de l'**Eau**. Bien qu'on puisse la toucher, on ne peut pas la saisir et la conserver entre ses mains. Autant le Feu est une énergie légère et ascendante, autant l'Eau est une énergie plus lourde, descendante, à l'image du liquide qui s'infiltre dans les plus petits interstices, toujours vers le bas. L'eau est une matière sans forme, puisqu'elle épouse celle du récipient dans lequel on la verse.

– Enfin vient la **Terre**. C'est l'énergie la plus dense, la plus condensée, la plus lourde, la plus solide, mais aussi la plus stable, stricte, immuable. La Terre nous rapproche de l'immobilité, de l'inertie.

Nous avons cinq corps

Ces cinq énergies sont présentes en nous, combinées sous forme de Dosha. Mais avant de les étudier dans le détail, il faut se pencher sur la manière dont cette énergie se condense par étapes pour constituer à la fois notre conscience, notre mental, nos sensations et nos perceptions physiques. Le processus est semblable à celui qui lie entre eux les éléments énergétiques.

Remplacez la notion d'énergie par celle de conscience : conscience cosmique, qui correspond à l'énergie de l'univers pour ceux qui n'ont pas de croyance ; conscience de l'absolu, pour les agnostiques ; conscience du divin, pour ceux qui ont foi en un dieu. Cette énergie globale de conscience se fractionne à la manière d'un hologramme : lorsque l'on brise un hologramme, chacun de ses fragments contient, en modèle réduit, l'image entière qu'il représentait. De même, chaque éclat de conscience individuelle est une parcelle de la conscience primordiale, infinie, qui va se densifier progressivement pour former nos différentes enveloppes corporelles, de la plus subtile à la plus matérielle :

– L'éclat de conscience individuelle, dans toute sa subtilité, forme le plus impalpable de nos corps, le **corps spirituel** ou **psychique**. Cette notion correspond à peu près à ce que nous appelons l'âme.

– Cette conscience se densifie d'abord pour donner naissance au **corps mental**. Celui-ci est comme un instrument au service de la conscience, c'est un peu le « disque dur » dans lequel nous allons pouvoir « charger les programmes » qui nous permettront de penser et d'agir.

– Lorsque cette conscience se densifie encore, elle forme le **corps vital** ou **corps émotionnel**. C'est grâce à lui que nous ressentons la vie en nous, les émotions, les sentiments.

– Plus dense encore est le **corps physique subtil**. Même s'il n'est pas perceptible pour nos organes sensoriels, c'est la première structure de notre être. En lui circulent les 72 000 canaux d'énergie qui nous « irriguent » en permanence et maintiennent notre énergie individuelle en connexion avec l'énergie universelle. Ce corps physique subtil est aussi porteur des *chakra*, ces points de connexion par lesquels nous communiquons avec l'énergie de l'univers.

– Enfin, le plus dense de nos corps est notre **corps physique**. C'est celui que nous pouvons toucher, et par l'intermédiaire duquel nous percevons le monde. Il est porteur de nos organes, de nos sens…

Ainsi, notre conscience, comme notre corps ou le monde matériel qui nous entoure, ne sont que des formes de l'énergie primordiale que nous percevons différemment selon leur degré de densification. Cette notion est très importante en Ayurvéda, car elle détermine une relation à la maladie différente de la nôtre. C'est dans le corps physique que se manifeste la maladie, donc dans la partie la plus condensée de la conscience. Mais la part de nous-mêmes qui ressent la maladie, qui traverse la souffrance physique, se trouve ailleurs, dans le corps émotionnel ou dans le corps mental.

Que nous disions « j'ai peur », « j'ai mal » ou « j'aime », le « je » qui parle s'identifie à une simple parcelle de nous-mêmes, en oubliant que nous portons en nous toute la conscience du monde et l'énergie de l'univers. C'est pourquoi l'Ayurvéda ne pose pas de limite étanche entre le corps physique, les émotions, les pensées et la conscience. Même si c'est dans le corps physique que se manifeste concrètement la maladie, tous les étages de cette manifestation sont concernés. L'inverse est tout aussi vrai : plus l'individu vit « en conscience », plus il cultive la sérénité, moins il bloque la circulation de l'énergie en lui, et plus il a des chances de rester en bonne santé et même de guérir lorsque la maladie se déclare. Éclairer sa conscience est une manière d'entretenir à la fois l'harmonie intérieure, la joie de vivre, et la santé.

De la vie à la mort

Dans la *Bhagavad-Gita*, l'un des textes fondateurs de la culture indienne, la vie humaine est comparée à un char de bataille. Le véhicule représente le corps physique, et les chevaux, l'élan vital, l'énergie. Ces deux composantes suffisent pour que le char soit prêt à fonctionner. Mais pour qu'il avance réellement, il faut qu'un conducteur le mène au bon endroit. Ce conducteur, c'est le mental. Pour que le char remplisse parfaitement son rôle, il faut que le conducteur fasse des choix judicieux, en fonction non seulement du résultat qu'il désire obtenir, mais aussi des circonstances extérieures, de la qualité de l'engin, de la fatigue des chevaux... Notre mental est l'indispensable conducteur du char. Pour qu'il prenne les bonnes décisions, il faut qu'il soit animé par une conscience éclairée, capable de tenir compte de toutes les composantes avant de faire des choix de vie.

Cette approche débouche sur une vision de la vie et de la mort très différente de la nôtre. Pour l'Ayurvéda, la mort est l'expression d'une séparation : le corps subtil s'est retiré du corps physique ; la conscience s'est retirée de la matière. Pour que cette opération se passe dans de bonnes conditions et ne soit pas source de souffrance « post mortem », il ne faut pas que les canaux d'énergie circulant dans le corps subtil soient encombrés. Dans la tradition indienne, de nombreux textes expliquent « comment mourir », afin de faciliter la séparation entre le corps physique et l'énergie, car lorsque celle-ci est trop longue et laborieuse, l'éclat d'énergie individuelle peine à rejoindre l'énergie primordiale et peut errer longtemps dans un monde subtil intermédiaire où règnent la souffrance et l'illusion.

L'Ayurvéda traditionnel dépasse ainsi largement le cadre strictement médical. Il ne s'agit pas uniquement de soigner les maladies, mais d'apprendre à vivre et même à mourir. Tous ces éléments y sont étroitement liés, comme dans une toile d'araignée : chaque fois que l'on touche à un fil, c'est tout l'édifice arachnéen qui tremble. Cependant, au cours des siècles, l'Ayurvéda a évolué et s'est adapté, sans jamais se déconnecter de son essence. Aujourd'hui, cet art de vivre nous enseigne comment évoluer au mieux dans le monde moderne et soigner les maladies actuelles. Médecins et chercheurs ont passé au crible de la grille de compréhension ayurvédique les maladies modernes (Sida, maladies dégénératives, maladies auto-immunes…), faisant constamment évoluer cette médecine ancestrale.

Les Dosha : l'énergie incarnée

Chaque être humain possède une nature profonde, une manière d'être, d'éprouver des émotions, de souffrir dans son corps, de déclencher des maladies qui n'appartient qu'à lui. La tâche d'un médecin ayurvédique est de déterminer cette nature, qu'en médecine occidentale on qualifierait de « constitution » ou de « terrain ».

Pour cela, l'Ayurvéda propose un outil performant : les Dosha. Cette typologie correspond à la manifestation, en chacun, des énergies des éléments. Nous possédons tous, en nous, les cinq éléments, mais dans une combinaison particulière où prédominent certains d'entre eux. La tradition dénombre ainsi trois Dosha :

– *Vata* exprime la prédominance de l'Air et de l'Éther ;
– *Pitta* exprime la prédominance du Feu et de l'Eau ;
– *Kapha* exprime la prédominance de la Terre et de l'Eau.

Chaque Dosha se manifeste de cinq manières différentes, sous la forme de cinq énergies complémentaires qui se combinent entre elles. Les caractéristiques propres aux différents éléments se reflètent ainsi en chacun de nous, selon son Dosha prédominant. Les personnes de type *Vata* seront plus légères, plus fines, alors que celles de type *Pitta* seront plus sanguines, coléreuses et celles de type *Kapha* plus solides, charpentées, terriennes. Ces caractéristiques touchent autant à la constitution physique qu'au caractère, aux faiblesses des organes et aux fragilités des fonctions.

Ces Dosha ne sont pas déterminés une fois pour toutes. L'être humain vit sans cesse au contact des éléments qui l'entourent et en subit l'influence. L'équilibre entre les Dosha fluctue donc selon les périodes de la vie, et même selon les saisons ou les heures de la journée. Un environnement humide, par exemple, augmente l'élément Eau en nous, tout comme le fait de se retrouver au milieu de personnes en colère augmente l'élément Feu. Cependant, nous possédons une tendance globale, un Dosha qui reste prédominant malgré ces fluctuations. Pour délivrer les conseils d'hygiène de vie et les traitements adaptés à chaque patient, le médecin ayurvédique doit prendre en compte à la fois le Dosha prédominant et les éléments extérieurs susceptibles de l'influencer.

LES PRINCIPALES CARACTÉRISTIQUES DE *VATA*

Vata est une énergie légère, fluctuante, mobile comme l'air. Cette énergie subtile et rapide s'avère plutôt fraîche et sèche. Elle circule rapidement dans le corps et s'infiltre partout. C'est elle qui fait bouger, marcher, courir… Elle soutient aussi la respiration, ainsi que les impulsions et les décisions. C'est elle qui assure l'équilibre des tissus et la coordination des sens.

Physiquement : les personnes de type *Vata* sont plutôt minces, voire maigres. Leur regard est vif, toujours en mouvement. Leurs traits sont fins. Ils parlent vite, d'une voix faible. Leurs gestes sont rapides mais ils manquent de souplesse. Leur appétit est irrégulier, oscillant entre l'excès et l'abstinence. Plutôt frileux, ils transpirent peu. Même s'ils sont capables d'endurance, ils ressentent rapidement de la fatigue qu'il leur faut surmonter. Ils dorment peu, mal, d'un sommeil agité peuplé de rêves de forêts et d'oiseaux.

Psychologiquement : ces personnes sont généralement anxieuses. Leur comportement est empreint d'une nervosité latente. Leur motivation est fragile et ils se sentent facilement découragés au contact des difficultés. Ils sont très observateurs mais leur manque de mémoire les rend aussi légers que des oiseaux volant de branche en branche. Ils aiment les voyages, les activités créatives. Ils apprécient l'humour et aiment raconter des histoires. L'imagination ne leur fait pas défaut, au point qu'ils paraissent parfois farfelus. Ils n'hésitent pas à adopter des looks originaux, voire carrément baroques.

Leurs faiblesses constitutionnelles : les personnes de type *Vata* ont une santé plutôt fragile. Leur système immunitaire, faible, les défend mal contre les infections. Ils souffrent volontiers de troubles du système nerveux et de rhumatismes. Les douleurs impliquent souvent un déséquilibre de *Vata*.

LES CINQ QUALITÉS SPÉCIFIQUES DE *VATA*

L'énergie *Vata* est localisée principalement dans l'intestin (surtout le côlon), mais aussi dans les jambes, les os et la peau. Elle se manifeste de cinq façons différentes :

Prana : c'est la manifestation la plus proche de l'énergie originelle. Elle nous permet de respirer pour rester en vie. *Prana* est aussi à la base de l'intelligence, du cœur, des cinq sens. C'est grâce à elle que nous inspirons, que nous absorbons l'air neuf qui nous maintient en vie. Elle conduit aussi la nourriture de la bouche jusqu'à l'estomac où elle sera digérée. Cette énergie « habite » dans la tête ; elle « travaille » aussi dans la gorge et la poitrine.

Udana : c'est l'énergie des sens. Grâce à elle, nous voyons, entendons, sentons, goûtons, touchons. Cette énergie nous permet d'expirer, de relâcher l'air vicié qui nous encombre. Elle est à la base de notre mémoire et de notre capacité de parole. Cette énergie « habite » dans la poitrine ; elle « travaille » aussi dans le nez, le nombril, la gorge.

Vyana : c'est l'énergie du mouvement. C'est grâce à elle que nous marchons, que nous bougeons, que nous nous agitons… C'est l'énergie la plus rapide. Elle « habite » dans le cœur ; elle « travaille » aussi dans le corps tout entier.

Samana : cette énergie intervient en amont de la digestion, c'est grâce à elle que les aliments sont triés et préparés à être soit assimilés, soit éliminés. Elle « habite » dans le tube digestif ; elle « travaille » dans l'estomac, le duodénum et l'intestin grêle.

Apana : c'est l'énergie qui gouverne notre capacité à retenir ou à évacuer. C'est grâce à elle que nous expulsons nos déchets (selles, urine…). Elle gouverne aussi les règles des femmes et l'éjaculation des hommes. Elle « habite » dans l'anus et « travaille » dans tout le bassin.

Les principales caractéristiques de *Pitta*

L'énergie de *Pitta* est moins légère et beaucoup plus chaude que celle de *Vata*. Elle est corrosive, glissante, plutôt liquide. C'est elle qui fait digérer et assure l'assimilation des aliments. Elle est responsable de notre équilibre thermique, de la faim et de la soif, de l'intelligence.

Physiquement : les personnes de type *Pitta* ont généralement une corpulence moyenne, elles sont musclées et souples. Leurs traits sont réguliers, leur visage est animé par un regard pénétrant, aiguisé. Elles parlent d'une voix aiguë, et leur propos est très argumenté. Elles ont toujours trop chaud et transpirent beaucoup. Leurs gestes sont agiles, mais leur démarche est souvent heurtée, gauche. Elles ont un solide appétit et une bonne endurance physique. Leur teint est coloré et elles ont souvent des boutons.

Psychologiquement : ce sont des gens courageux et convaincants, qui savent faire passer leurs idées. Ces amateurs de joute verbale sont pourtant irritables et se mettent facilement en colère. Leur intelligence est vive. Ils sont impatients, au point de devenir parfois agressifs. Ils possèdent une bonne mémoire, vive et durable. Ils sont plutôt sportifs. Ils se passionnent souvent pour la politique. Coquets et très soignés, ils cultivent l'élégance sans tomber dans l'excentricité. Leur sommeil, calme et reposant, est peuplé de rêves d'ors, de joyaux et de palaces.

Leurs faiblesses constitutionnelles : les personnes de type *Pitta* ont une résistance moyenne aux infections, mais lorsqu'elles attrapent un microbe, elles réagissent par des fièvres et des états inflammatoires. Leurs douleurs sont vives et brûlantes.

Les troubles qui se manifestent par de la chaleur sont le plus souvent dus à un déséquilibre de *Pitta.*

LES CINQ QUALITÉS SPÉCIFIQUES DE *PITTA*

L'énergie *Pitta* est localisée principalement dans le nombril. Mais elle se manifeste aussi au niveau de l'estomac, des ganglions lymphatiques, des glandes sudoripares (responsables de la transpiration), de la lymphe, du sang, des yeux, de la peau. Elle agit de cinq manières différentes :

Pachak : c'est l'énergie qui assure la digestion. Elle fournit ensuite de l'énergie aux quatre autres sous-Dosha de *Pitta.* C'est une énergie très importante, car au-delà de la digestion, elle incarne le Feu intérieur grâce auquel nous pouvons nous défendre contre les maladies qui, toutes, découlent peu ou prou d'une baisse dans l'intensité de cette énergie. Elle « habite » et « travaille » dans le duodénum.

Ranjak : c'est elle qui, une fois la digestion terminée, transforme la part noble des aliments pour qu'elle nourrisse le sang. C'est elle qui donne au sang sa belle couleur rubis. Elle « habite » et « travaille » dans l'estomac.

Sadhak : cette énergie nous permet de rayonner lorsque nous sommes heureux. Elle nourrit notre intelligence, nos qualités intellectuelles, mais aussi notre faculté de discernement. C'est grâce à elle que nous sommes capables de nous mobiliser pour fournir des efforts intenses. Elle « habite » et « travaille » dans le cœur.

Alochak : cette manifestation de *Pitta* nous permet de voir à la fois les formes et les couleurs. Elle « habite » et « travaille » dans les yeux, tout particulièrement dans les rétines.

Bhrajak : cette énergie est responsable du maintien de notre température corporelle, mais aussi de la couleur de notre teint. C'est grâce à elle que les soins corporels (massages, cataplasmes, enveloppements...) sont efficaces. Elle « habite » et « travaille » dans la peau, juste sous la surface de l'épiderme.

LES PRINCIPALES CARACTÉRISTIQUES DE *KAPHA*

L'énergie de *Kapha* est froide, lisse et lourde. C'est une énergie très lente et visqueuse. Elle ralentit les échanges et fait stagner les liquides. Elle assure notre stabilité physique et mentale. Elle est responsable de la lubrification de nos articulations.

Physiquement : les personnes de type *Kapha* sont solidement charpentées. Leurs os sont denses mais leur musculature est molle. Leurs traits sont plutôt épais, mais leur visage est éclairé par de grands yeux sous un front large. Ils ont tendance à prendre du poids, bien qu'ils mangent de manière modérée avec une attirance particulière pour le sucré. Leur peau, pâle, est fine et douce. Ils séduisent par leur voix, profonde, grave, et leurs propos posés exprimés avec lenteur. Leurs gestes aussi sont lents. Ils sont très endurants et résistants à l'effort.

Psychologiquement : ce sont des gens patients, modérés en tout. Ils sont calmes et capables d'attachements durables. Ils n'ont pas une intelligence vive, mais sont dotés de beaucoup de bon sens. Très fidèles, ils peuvent s'avérer rancuniers car ils n'oublient pas facilement leurs rares contrariétés. Très ordonnés, ils savent se contenter d'une vie simple. Ils aiment l'eau, les bateaux, la nature. Ils sont doués pour les échanges commerciaux. Ils ont besoin de beaucoup de sommeil et ils somnolent souvent dans la journée. Leurs nuits sont lourdes, peuplées de rêves d'océans, de fleurs et de nuages.

Leurs faiblesses constitutionnelles : ces personnes disposent de solides défenses immunitaires et tombent rarement malades. Leurs problèmes de santé sont plutôt d'ordre respiratoire ou circulatoire. Ils souffrent souvent d'œdèmes ou de problèmes de muqueuses. Les éruptions cutanées et les démangeaisons sont dues le plus souvent à un déséquilibre de *Kapha*.

Les cinq qualités spécifiques de *Kapha*

L'énergie de *Kapha* est localisée principalement dans la poitrine. Elle se manifeste aussi dans la gorge, la tête, la rate, les articulations, l'estomac, la lymphe, la graisse et la langue. Elle agit de cinq manières différentes :

Avalambaka : cette énergie nourrit le corps tout entier et le fortifie. Elle fournit de l'énergie aux quatre autres manifestations de *Kapha*. Elle assure l'équilibre hydrique du corps. Elle « habite » dans la poitrine ; elle « travaille » dans le cœur et l'anus.

Kledak : cette énergie participe à la digestion en fournissant l'eau nécessaire pour que les aliments soient transformés. Elle travaille donc en étroite association avec le Feu de *Pitta*. Elle « habite » et « travaille » dans l'estomac.

Bodhak : cette énergie nous permet de goûter les aliments, car elle est responsable de notre acuité gustative. Elle fournit, en plus, un peu d'énergie aux autres sens. Cette énergie « habite » et « travaille » dans la langue.

Tarpaka : c'est cette énergie qui alimente tout notre système sensoriel. C'est donc grâce à elle que nous percevons le monde tangible qui nous entoure. Elle « habite » et « travaille » dans le cerveau.

Shleshmak : cette manifestation de *Kapha* est responsable de nos articulations, dont elle assure la lubrification. C'est grâce à elle que nous pouvons bouger librement, sans que les rouages articulaires soient entravés ou grippés. Si les problèmes articulaires touchent principalement les personnes âgées, c'est que cette énergie a tendance à s'épuiser avec les années. Elle « habite » dans les articulations ; elle « travaille » aussi dans les autres tissus articulaires, notamment la synovie (liquide articulaire).

Les associations entre les Dosha

Dans l'idéal, nous devrions porter en nous les trois Dosha de manière parfaitement équilibrée, car toutes ces énergies sont indispensables au bon fonctionnement de notre organisme et de notre psychisme. C'est d'autant plus important que les Dosha sont liés les uns aux autres. Ainsi, *Vata* est la « racine » de tous les Dosha, c'est cette énergie qui anime les deux autres. De ce fait *Vata* est à l'origine de tous les processus organiques. *Pitta*, le Dosha intermédiaire, est chargé de tous les phénomènes de lumière et de chaleur. Et *Kapha* soutient les deux autres Dosha en agissant comme le substrat matériel de tout cet édifice énergétique. On ne peut imaginer l'un des Dosha indépendamment des deux autres. Chacun, avec ses différentes manifestations, est à sa manière une expression de l'énergie primordiale qui anime l'univers.

Hélas, l'idéal n'est pas vraiment de ce monde et nous possédons tous un ou deux Dosha dominants. Le but du diagnostic ayurvédique est, d'abord, de déterminer lesquels[1]. Car nos maladies sont toujours liées à un déséquilibre entre les Dosha, certains étant en excès et d'autres en manque. Ces déséquilibres peuvent être causés par d'innombrables facteurs (émotions, stress, froid, humidité, chaleur, mauvaise alimentation, surmenage...) que le médecin doit prendre en compte. Mais en amont, ils se manifestent sur un terrain particulier, propre à chacun, fait d'une combinaison de Dosha unique. C'est elle qui nous rend tous différents malgré nos ressemblances sans nombre.

Certaines personnes ont un seul Dosha dominant. On dit alors qu'elles sont de type *Vata*, *Pitta* ou *Kapha*. Chez d'autres, deux Dosha se disputent la dominance, parfois de manière stable, parfois en alternance selon les circonstances. On dit alors qu'elles sont de type *Vata/Pitta*, *Vata/Kapha* ou *Pitta/Kapha*. Le but des traitements est toujours, dans un premier temps, de corriger le déséquilibre qui a créé la maladie puis, dans un deuxième temps, de rééquilibrer au maximum le terrain du patient afin de le renforcer et de le rendre plus résistant.

Cependant, les Dosha ont besoin de « relais », physiques et psychiques, afin de mener à bien leurs innombrables tâches. Ce sont eux que nous allons découvrir à présent...

---

1. Voir « Le diagnostic ayurvédique », p. 51.

2

Les autres éléments de base de l'Ayurvéda

Les Dosha ne peuvent pas, à eux seuls, assurer toutes les fonctions du corps. Ces énergies ont besoin de s'incarner dans la matière (tissus corporels), de se manifester dans des fonctions vitales (assimilation, élimination...), ou de s'exprimer dans nos pensées et nos émotions. Il s'agit respectivement des Dhatu, des Agni, des Mala et des Guna. Lorsque nous sommes en bonne santé, nous ne le devons pas seulement à l'équilibre de nos Dosha, mais aussi à celui de tous ces autres éléments.

Les sept Dhatu : notre structure physique

En sanskrit, ce terme possède trois sens complémentaires : « nourriture » ; « soutenir » ; « tisser ». Ces trois notions se retrouvent dans ce que le terme désigne en matière de santé. Car les Dhatu sont à la fois des éléments de structure du corps (os, muscles, graisse...) et des liquides organiques (sang, liquide séminal...). Ils sont au nombre de sept : *Rasa*, *Rakta*, *Mạmsa*, *Meda*, *Asthi*, *Majja*, *Shukra*. Cependant, même s'ils désignent des matières tangibles, palpables, les Dhatu restent des manifestations de l'énergie.

Rasa : c'est le premier des Dhatu, celui qui nourrit tous les autres. Les Indiens le conçoivent comme une sorte de « jus nourricier ». Au cours de la digestion, la nourriture est analysée, triée et séparée en deux catégories. D'un côté, tout ce que le corps ne peut pas utiliser et qui doit être éliminé : *Mala*. De l'autre, tout ce qui va être utilisé et transformé : *Rasa*. Ce Dhatu concerne aussi le plasma et la lymphe. Il nourrit notre précieux liquide vital, le sang.

Rakta : ce Dhatu correspond au sang. Mais il ne s'agit pas seulement du sang tel que nous le connaissons en Occident. C'est le liquide lui-même, mais c'est aussi l'énergie qui le fait circuler dans tout l'organisme et qui colore le teint. Ce Dhatu nourrit nos muscles.

Mamsa : ce Dhatu correspond aux muscles. Dans un sens plus large, il contribue à la croissance corporelle. C'est lui qui nous donne de la force physique. Il nourrit la graisse.

Meda : ce Dhatu correspond au tissu graisseux. Il ne s'agit pas seulement de la graisse stockée dans nos cellules adipeuses, mais de tout ce qui est « huileux » dans le corps, comme le sébum de la peau et du cuir chevelu. Il nous permet notamment de transpirer. Il nourrit les os.

Asthi : ce Dathu constitue la charpente de notre corps, notre squelette. C'est le Dhatu de la solidité. Au-delà des os eux-mêmes, il concerne aussi les ongles, les poils et les cheveux. Il nourrit la moelle des os.

Majja : c'est le Dhatu de la moelle osseuse, et avec elle, de tout ce qui constitue les tissus nerveux. Il concerne aussi notre affectivité. Il nourrit les tissus reproducteurs.

Shukra : ce dernier Dhatu forme les substances responsables de la reproduction (ovules, liquide séminal).

Il existe aussi trois « sous-Dhatu » qui concernent uniquement la procréation : *Artava* concerne les règles, et particulièrement la muqueuse utérine qui se gonfle de sang en prévision de la nidification ; *Garbha* se rapporte à la nidification elle-même, lorsque l'ovule a été fécondé ; *Stanya* est lié à la lactation et permet à la mère de nourrir son enfant.

Ces Dhatu sont étroitement liés aux Dosha. Globalement, c'est l'énergie de *Kapha* qui gouverne tous les tissus corporels, car la Terre et l'Eau mêlées donnent au corps sa substance. Cependant, deux Dhatu échappent à cette règle : le sang, qui contribue à maintenir notre température interne, est sous le contrôle de l'énergie de *Pitta* ; et les os, dont la structure poreuse contient des bulles d'Air, est sous celui de *Vata*.

OJAS : LA LUMIÈRE QUI NOUS ANIME

Ces sept Dhatu sont liés entre eux dans un mouvement permanent de régénération, les uns donnant naissance aux autres sous l'action du Feu. Comme dans une spirale sans fin :

– *Rasa*, sous l'effet du Feu, se transforme en *Rakta* ;
– *Rakta* se transforme en *Mamsa* ;
– *Mamsa* se transforme en *Meda* ;
– *Meda* se transforme en *Asthi* ;
– *Asthi* se transforme en *Majja* ;
– *Majja* se transforme en *Shukra*.

Au terme de ce processus, lorsque tous les Dhatu ont correctement rempli leur rôle sans que l'énergie soit entravée ni perturbée, l'énergie de *Shukra* se transforme en *Ojas*. En sanskrit, ce terme signifie littéralement « lumière ». *Ojas*, c'est l'énergie ultime, pure, qui circule non seulement dans le corps physique mais aussi dans les corps subtils. C'est elle qui constitue l'aura. *Ojas* est responsable de notre personnalité. C'est l'énergie de la beauté, de l'amour, de l'innocence... Plus les processus de transformation et d'engendrement de l'énergie vitale sont harmonieux et efficaces, plus nous sommes baignés de *Ojas* et plus nous sommes sereins, lumineux, épanouis.

Ojas joue également un rôle important dans le maintien de la santé. D'abord, c'est l'énergie de l'immunité. Lorsque *Ojas* s'affaiblit, nous devenons plus vulnérables face aux germes. Sa faiblesse est à l'origine de certaines maladies chroniques ou infectieuses. Les médecins ayurvédiques actuels attribuent à un grand affaiblissement de *Ojas* l'épidémie de Sida qui s'est déclarée dans le monde occidental à l'aube des années 1980. La diminution de cette énergie précieuse est également à l'origine des syndromes de fatigue chronique et des maladies dégénératives liées au vieillissement.

De nombreux facteurs affaiblissent *Ojas*. Parmi eux, la colère, l'anxiété chronique, le surmenage, l'angoisse, la peur, les excès sexuels, les drogues, le stress, les aliments industrialisés... Pour la renforcer, on peut privilégier certains aliments (notamment le *ghee* et le lait), utiliser des plantes médicinales appropriées, mais aussi pratiquer la méditation afin de stimuler la lumière en nous.

Les treize Agni : la puissance du métabolisme

La notion de métabolisme telle que nous l'entendons en Occident est relativement récente. Pourtant, il y a plusieurs millénaires, les Indiens l'avaient déjà pressentie. Ils la désignent sous le terme de *Agni* qui, en sanskrit, signifie « feu ». Ce concept, assez vague, désigne en fait tous les mécanismes physiologiques dont dépend le maintien de la vie, à commencer par la digestion et l'assimilation des aliments.

Au sens propre, le métabolisme est « l'ensemble des transformations chimiques et physico-chimiques qui s'accomplissent dans tous les tissus de l'organisme vivant[1] ». De fait, les Agni touchent de très près à cette définition, car ils sont responsables de l'énergie indispensable au maintien de la vie. Lorsque les *Agni* s'affaiblissent, des maladies surviennent, de la même manière qu'un ralentissement métabolique provoque quantité de troubles. Lorsque les *Agni* s'éteignent, la mort survient, de la même manière que la vie s'arrête lorsque les opérations métaboliques cessent. Cependant, la notion de *Agni* dépasse celle de métabolisme en ce sens qu'elle englobe une dimension psychique. Ce sont les *Agni* qui nourrissent notre désir et nous donnent la joie de vivre.

– L'Agni le plus important (et de loin), c'est le « feu digestif », *Jatharagni*. Il est à la base de tous les processus de transformation : c'est lui qui digère les aliments et les transforme en une énergie que l'organisme utilise ensuite pour nourrir et renforcer les différentes manifestations de l'énergie en nous, à commencer par les Dosha et les Dhatu.

– Viennent ensuite les cinq *Pancha-Mahabhutagni*. Ce sont les « feux » des cinq éléments présents en nous. Le « feu » de l'Air, par exemple, fournit l'énergie nécessaire à la respiration, comme le « feu » de la Terre fournit l'énergie nécessaire au renouvellement cellulaire.

– Enfin, chaque Dhatu possède également son « feu ». Ce sont les sept *Saptadhatwagni*, chacun correspondant à l'un des tissus dont nous venons de parler.

---

1. Définition du *Petit Robert de la langue française*, 2003.

Tous ces « feux » sont importants, mais ils sont sous la dépendance du premier. Lorsque le « feu digestif » faiblit, tous les autres « feux » en subissent les conséquences.

LES TROIS MALA : LES ÉLIMINATIONS ESSENTIELLES

Les milliers d'opérations physiologiques que notre organisme abrite à chaque seconde produisent des déchets. L'Ayurvéda avait déjà compris l'importance d'une bonne élimination, afin que l'organisme ne soit pas encombré ni l'énergie entravée.

Les Mala sont très nombreux. L'Ayurvéda affirme qu'il y a autant de portes par lesquelles ils peuvent s'éliminer que d'orifices dans le corps. Les Mala peuvent donc s'évacuer par le nez, la bouche, les pores de la peau, les oreilles… Les Indiens considèrent même que les pensées ou les émotions négatives doivent être évacuées au même titre que les toxines organiques. Certains Mala sont donc mentaux ou émotionnels.

Trois Mala sont, pourtant, beaucoup plus importants que les autres. Il s'agit de *Purisha* (les selles), *Mutra* (l'urine) et *Prasweda* (la sueur). Ils correspondent à ce que la médecine occidentale appelle nos « organes émonctoires[1] », du moins les plus importants d'entre eux : les reins, responsables de la fabrication de l'urine ; la peau, par laquelle nous évacuons la transpiration ; l'intestin, qui nous permet d'évacuer les déchets directement issus de l'alimentation.

Purisha : dans la tradition, ce terme désigne ce qui reste de la nourriture une fois que le corps a utilisé tout ce qui

---

1. Ainsi la science occidentale nomme-t-elle les organes chargés de l'élimination des toxines : poumons, reins, peau, foie, intestin.

pouvait l'être afin de régénérer son énergie. Une bonne élimination de *Purisha* permet aussi au corps de maintenir sa structure et de l'équilibrer.

Mutra : c'est l'eau en excès qui circule dans l'organisme, et qui doit être éliminée afin de ne pas mettre en péril l'équilibre de l'Eau. *Mutra* est considéré sous l'angle du liquide, davantage que sous celui des toxines urinaires.

Prasweda : il existe un lien important entre *Mutra* et *Prasweda*. Selon les saisons, l'importance de l'un et de l'autre varie. En été, lorsqu'il fait chaud, *Mutra* diminue et *Prasweda* augmente. Ce dernier Mala participe à l'équilibre thermique du corps.

L'équilibre qui préside à notre santé implique tous les éléments dont nous venons de parler : Dosha, Dhatu, Mala... Sans oublier la dimension psycho-émotionnelle, voire spirituelle, incarnée par les Guna.

La science occidentale a démontré depuis plusieurs siècles que plus un système est complexe, plus les risques de déséquilibre sont nombreux. C'est sans doute pour cette raison que notre santé est rarement parfaite. Nous sommes comme des funambules sur un fil, obligés de rétablir sans cesse un équilibre précaire afin de ne pas tomber dans la maladie comme l'acrobate chute dans le vide. C'est pourquoi l'hygiène de vie quotidienne revêt une telle importance dans la culture indienne[1]. Une hygiène qui fait intervenir des éléments physiques (exercice, alimentation, plantes...) mais aussi mentaux et spirituels (yoga, méditation...), car cette manifestation plus subtile de l'énergie joue un rôle important dans la santé.

---

1. Voir « L'hygiène quotidienne selon l'Ayurvéda », p. 91.

LES GUNA :
LES AGENTS DE L'ÉNERGIE MENTALE

L'objectif de l'Ayurvéda est de nous permettre de vivre en paix avec nos pensées, nos affects et nos émotions. En paix avec notre monde intérieur ! Les textes fondateurs conseillent de pratiquer régulièrement une activité artistique, qui permettra à chacun de transformer positivement son énergie. Ils proposent également d'apprendre à transformer sa manière de penser ou de gérer sentiments et émotions, grâce à des pratiques quotidiennes. Et même de s'ouvrir à une forme de spiritualité.

L'Ayurvéda affirme que les sentiments sont liés à l'élément Eau. Comme elle, ils n'ont pas de forme définie et ont tendance à se diriger toujours vers le bas. Or, le but de l'évolution personnelle est de s'élever. L'énergie de *Ojas*, la lumière, se dirige toujours vers le haut. Une personne totalement dominée par ses affects parviendra difficilement à construire sa sérénité, car elle se sentira fragilisée par le risque de perdre l'objet des sentiments, ou de n'être pas à la hauteur de ce que l'on attend d'elle. Pour profiter pleinement de l'énergie des sentiments, il faut arriver à propulser l'Eau vers le haut, à la faire jaillir comme une source grâce à la puissance du Feu. Une fois encore, c'est dans l'équilibre entre les différents éléments que se trouve la solution de notre « santé intérieure ».

Le fonctionnement mental est organisé en trois manifestations énergétiques complémentaires et étroitement liées entre elles : *Sattva*, *Rajas* et *Tamas*.

Sattva : c'est une énergie mentale très légère, fluide et pure comme *Vata*. Elle s'élève, ce qui nous pousse à rechercher l'harmonie et la connaissance. Les personnes de type *Sattva* ont bon caractère. Elles ne cherchent pas le conflit mais privilégient le calme et la paix de l'esprit. Elles s'efforcent de tirer des leçons de tout ce que la vie leur apporte. Les personnes de type *Sattva* sont celles qui se protègent le mieux contre les maladies.

Rajas : c'est une énergie vive, rapide et enthousiaste, comme celle de *Pitta*. Elle nous pousse à agir, à désirer avec passion. Les personnes de type *Rajas* sont impatientes, toujours actives, mais cette hyperactivité finit par les fatiguer. Lorsqu'elles tombent malades, leurs symptômes sont violents, aigus. Leur impatience entrave leur guérison car elles ont du mal à prendre le temps de se soigner correctement et de mettre en place les comportements quotidiens qui pourraient améliorer leur état.

Tamas : cette énergie est plus lourde que les précédentes, à l'image de celle de *Kapha*. Elle nous pousse à l'inaction, à la paresse. C'est une qualité plus sombre, qui nous entraîne vers le bas, vers l'obscurité. Les personnes de type *Tamas* souffrent fréquemment de troubles chroniques, dus à des blocages ou à un ralentissement de leurs fonctions vitales. Leur force d'inertie ralentit les processus de guérison.

Nous possédons tous ces trois qualités d'énergie, mais dans des proportions particulières qui font de nous ce que nous sommes. Ces proportions ne sont pas immuables mais au contraire, très labiles. Elles fluctuent en fonction des moments de la journée, de la saison, de notre environnement affectif, des circonstances relationnelles et sociales... Même si, là comme ailleurs, l'équilibre est la loi fondamentale, l'Ayurvéda conseille de limiter *Tamas*, et dans une moindre mesure *Rajas*, pour privilégier *Sattva*. C'est ce qui permet d'avancer sur le chemin de l'harmonie intérieure et de la connaissance. Et donc, de la santé, car plus notre fonctionnement mental et émotionnel nous élève vers l'énergie de la lumière, mieux nous pouvons nous protéger contre les risques de maladie.

3

Comprendre les maladies selon les principes de l'Ayurvéda

Comme nous l'avons déjà dit, les maladies sont l'expression d'un déséquilibre entre les différentes manifestations de l'énergie matérialisée en nous, autant dans notre corps physique que dans nos pensées, nos sentiments, nos émotions et même nos croyances. La médecine de l'Inde ancienne classe les maladies en fonction des déséquilibres entre les Dosha.

Ces déséquilibres peuvent être dus à de nombreux facteurs. D'abord, chacun possède un terrain plus ou moins fragile en fonction de son (ou ses) Dosha dominant(s). Ensuite, à partir de ce terrain, de nombreuses circonstances peuvent provoquer des ruptures d'équilibre suffisamment importantes pour créer des maladies. Il peut s'agir de circonstances extérieures (climatiques, environnementales, microbiennes...) ou de conditions internes (alimentation mal adaptée au terrain, émotions négatives, pensées malsaines...).

Quelle qu'en soit la cause, la maladie qui apparaît procède le plus souvent d'un excès dans l'un des Dosha, car lorsqu'un Dosha s'affaiblit et diminue, c'est généralement pour laisser la place à un autre qui aura une influence considérable. Cependant, les textes de l'Ayurvéda décrivent aussi bien les maladies dues aux excès des différents Dosha que celles liées à leur affaiblissement.

COMMENT SE MANIFESTE LA MALADIE ?

Chaque Dosha est en relation avec certains organes, tissus ou systèmes organiques. Lorsqu'un Dosha se déséquilibre, le trouble apparaît d'abord dans les tissus qu'il gouverne. S'ajoute à cela le fait que chaque Dosha correspond à un type de déséquilibre : les troubles de *Pitta* sont plutôt d'ordre inflammatoire, et ceux de *Vata* d'ordre dégénératif. On peut ainsi décrire les principaux types de troubles attachés à chaque Dosha :

Les maladies de Vata : elles touchent plutôt le système nerveux, les os et les articulations. L'insomnie est souvent un trouble de *Vata*, de même que l'arthrite, la paralysie ou l'épilepsie. En règle générale, elles se manifestent par de la sécheresse tissulaire, une sensation de froid, des atteintes de la capacité de mouvement, une dégénérescence des tissus.

Les maladies de Pitta : il s'agit de maladies infectieuses fébriles, de troubles dus à un excès d'acidité (ulcère), de maladies hépatiques, d'éruptions cutanées assorties de démangeaisons. D'une manière générale, les maladies de type *Pitta* sont chaudes, rouges et impliquent des suintements gras (eczéma purulent).

Les maladies de type Kapha : elles sont dues le plus souvent à une accumulation de liquide. Ce sont des maladies respiratoires accompagnées de sécrétions abondantes (rhume, bronchite, toux grasse...) ou d'œdèmes. Elles impliquent généralement une stase des liquides, un ralentissement métabolique, une croissance anarchique des tissus. Tous ces phénomènes sont plutôt froids.

Cependant, pour venir à bout d'une maladie, il faut le plus souvent agir sur plusieurs Dosha à la fois. D'abord, parce que *Vata* est toujours impliqué, peu ou prou, dans la genèse des maladies. C'est *Vata* qui donne le mouvement et assure la cohésion des systèmes. Tout ce qui implique une décomposition, une désynchronisation des mouvements provient donc en partie d'une atteinte de *Vata*. Dans les textes traditionnels, on trouve la description d'environ quatre-vingts troubles de type *Vata*, alors qu'y figurent seulement une quarantaine de maladies de type *Pitta* et une vingtaine de type *Kapha*.

S'ajoute à cela le fait que les déséquilibres d'un Dosha finissent par perturber les autres. Il faut donc prendre en compte tout cet édifice pour venir à bout d'un trouble, et ce d'autant plus que la maladie est ancienne et profondément ancrée.

Comment évolue la maladie ?

À partir du déséquilibre d'un Dosha, la maladie évolue selon un programme clairement établi, qui se déroule en six étapes : *Sanchaya* (accumulation excessive d'énergie) ; *Prakopa* (aggravation de cette accumulation) ; *Prasara* (débordement) ; *Sthana samshraya* (essaimage de la maladie dans d'autres zones du corps) ; *Vyakti* (manifestation des symptômes) ; *Bheda* (diversification des symptômes).

Ces phases s'enchaînent à un rythme plus ou moins rapide selon l'état du terrain du patient, l'ampleur du déséquilibre énergétique et les éléments qui l'ont provoqué. Selon la phase dans laquelle se trouve le patient au moment où il consulte, les moyens mis en place par le médecin seront différents et leurs résultats plus ou moins rapides et durables.

La phase d'accumulation : une mauvaise hygiène de vie ou des conditions extérieures inhabituelles provoquent une augmentation de l'énergie d'un Dosha dans les lieux où il « habite[1] ». Ainsi, *Vata* s'accumule d'abord dans le gros intestin (côlon), ce qui provoque des symptômes légers (gaz, ballonnements, constipation, fatigue, légère frilosité...). *Pitta* a tendance à s'accumuler d'abord dans l'intestin grêle, ce qui entraîne des maux de ventre (colite), de l'acidité gastrique, de l'amertume dans la bouche... Le tout fréquemment accompagné d'une fièvre ou, au moins, d'une sensation de chaleur. Enfin, *Kapha* s'accumule d'abord dans l'estomac, ce qui finit par provoquer des lourdeurs, des difficultés digestives, des ballonnements, accompagnés d'une grande fatigue physique et morale.

La phase d'aggravation : si l'on n'intervient pas pour rééquilibrer le Dosha en excès, les symptômes finissent par s'aggraver. L'excès de *Vata* se manifeste alors par des vertiges, des douleurs dans l'abdomen, des spasmes. L'excès de *Pitta* provoque des remontées acides et des sensations de brûlure dans le tube digestif, accompagnées d'une soif intense et de difficultés de sommeil. L'excès de *Kapha* entraîne des nausées, une hypersalivation, de l'hypersomnie.

La phase de débordement : à la manière d'un vase qu'on remplit d'eau et qui déborde, les Dosha finissent, si l'on ne fait rien pour enrayer l'excès énergétique, par déborder eux aussi. Cette énergie envahit *Rasa*, le « jus nourricier[2] », et se répand dans le reste du corps. Les symptômes s'aggravent,

1. Voir la description des caractéristiques des Dosha, p. 20.
2. Voir le paragraphe sur les Dhatu, p. 31.

de nouveaux signes de déséquilibres apparaissent, qui varient selon l'endroit où l'excès énergétique va se loger. L'excès de *Vata* peut alors provoquer des douleurs articulaires (de type arthrite), des maux de tête, une constipation tenace. L'excès de *Pitta* entraîne plutôt des inflammations et des éruptions cutanées, des vomissements amers, des diarrhées brûlantes. Et l'excès de *Kapha* produit de l'asthme, des gonflements douloureux des articulations (de type arthrose), des vomissements très liquides.

La phase d'essaimage : si on laisse le processus se dérouler sans rien faire pour le stopper, l'énergie débordante finit par se fixer, de préférence dans les tissus associés à chaque Dosha. De nouveaux symptômes apparaissent, plus insidieux et susceptibles de devenir chroniques.

La phase de manifestation : ainsi installés en plusieurs lieux du corps, les différents symptômes dessinent un syndrome commun et la maladie devient clairement identifiable : polyarthrite, diabète…

La phase de diversification : c'est la fin du processus, la maladie s'est installée et la manière dont elle se manifeste est si claire que le médecin peut percevoir facilement quel Dosha se trouve à son origine.

Le médecin ayurvédique peut intervenir à tous les stades de la maladie. Mais plus il intervient tôt, plus sa tâche sera facile et plus les traitements feront rapidement de l'effet. Pour y parvenir, il dispose d'éléments précis qu'il glane au cours d'une observation attentive de son patient[1] : les signes d'équilibre et de déséquilibre des différents Dosha.

---

1. Voir « Le diagnostic ayurvédique », p. 51.

Comment se déséquilibrent les Dosha

Parmi les causes de déséquilibre des différents Dosha, l'hygiène de vie quotidienne tient une place importante. Voici quelques gestes qui, à la longue, peuvent perturber votre équilibre énergétique.

Les gestes qui déséquilibrent Vata

- l'excès d'exercice physique ;
- les diètes trop drastiques ;
- les aliments susceptibles de provoquer des gaz et des ballonnements ;
- les aliments de nature piquante ou astringente[1] ;
- les veillées trop tardives ;
- l'exposition au vent, au froid ou à l'humidité ;
- les risques physiques inconsidérés : les atteintes osseuses et articulaires, entorses, foulures, fractures… ;
- les nuisances sonores répétées ;
- les longues conversations très animées ;
- la tristesse et la peur.

Les gestes qui déséquilibrent Pitta

- les longues promenades en plein soleil ;
- la consommation excessive de miel ;
- les aliments trop chauds, ou de saveur acide et piquante ;
- les violents accès de colère ;
- les digestions trop longues.

Les gestes qui déséquilibrent Kapha

- les excès alimentaires ;

1. Voir p. 63 et 65.

– les aliments trop lourds, trop gras, trop sucrés, trop acides ou trop salés, notamment les laitages et les gâteaux ;
– le manque de sommeil ;
– le manque d'activité physique.

LES SIGNES D'ÉQUILIBRE ET DE DÉSÉQUILIBRE DE *VATA*

Lorsque Vata est en équilibre : on est plein d'allant et d'énergie. La respiration est ample, calme et régulière. Les cinq sens sont en éveil. On n'a aucune difficulté à évacuer les toxines par les voies d'évacuation habituelles, mais aussi en toussant, en éternuant, en crachant, en bâillant. Le sommeil est de bonne qualité.

Lorsque Vata est en excès : on maigrit sans raison apparente. L'humeur s'assombrit. On a froid, on tremble pour un rien et on a envie de boissons et de plats chauds. Le ventre est animé de borborygmes. La constipation s'installe, avec des selles petites, dures et sèches. L'acuité sensorielle diminue.

Lorsque Vata est en insuffisance : la mobilité se réduit, on a du mal à bouger, à marcher. On parle de moins en moins, on se replie sur soi-même, on s'enferme dans la solitude. L'enthousiasme s'éteint. Les activités intellectuelles sont ralenties, on cherche ses mots, on a du mal à clarifier ses idées. Les activités biologiques se ralentissent également : la tension artérielle baisse, le cœur bat plus lentement, la digestion se fait lente…

LES SIGNES D'ÉQUILIBRE ET DE DÉSÉQUILIBRE DE *PITTA*

Lorsque Pitta est en équilibre : la digestion est rapide et ne produit ni fermentations, ni gênes, ni gaz. L'esprit est vif, rapide sans être en ébullition. La vision est claire. Le corps est ferme sans être tendu. La faim et la soif sont paisibles et on est facilement rassasié sans pour autant perdre le plaisir de manger. On se sent fort et courageux.

Lorsque Pitta est en excès : le teint devient jaunâtre, ainsi que le blanc des yeux. La température corporelle augmente, même en l'absence de fièvre. Les paumes des mains et les plantes des pieds sont particulièrement chaudes. La chaleur interne fait piquer les yeux. La faim et la soif sont intenses, dévorantes. Le sommeil devient léger, les nuits sont plus courtes.

Lorsque Pitta est en insuffisance : on perd l'appétit. Tout devient terne, aussi bien la nourriture que les loisirs ou les relations humaines. La température corporelle baisse, on a les extrémités froides.

LES SIGNES D'ÉQUILIBRE ET DE DÉSÉQUILIBRE DE *KAPHA*

Lorsque Kapha est équilibré : on se sent fort, robuste, l'endurance rend insensible à la fatigue. Les articulations sont bien huilées. L'élimination (miction, selles, transpiration...) est correcte, sans être excessive. On se sent calme et serein. On dort bien mais sans excès.

Lorsque Kapha est en excès : la digestion devient lente et laborieuse, on assimile mal ce qu'on mange. On se sent lourd, ralenti, paresseux. On grossit. On n'a pas froid, mais le corps est frais au toucher. La musculature perd son tonus. On dort beaucoup, trop, d'un sommeil lourd qui ne parvient pas à être réparateur.

Lorsque Kapha est en insuffisance : on sent une boule de vide au creux du ventre. Le corps se dessèche, on a soif. La fatigue s'installe, insidieuse, on a du mal à trouver le sommeil bien qu'on ressente le besoin de dormir et que les paupières soient lourdes. Les articulations deviennent trop souples, presque molles. On a des vertiges.

Les signes qui permettent au médecin ayurvédique de déterminer l'origine des maladies sont nombreux. C'est en croisant ses observations qu'il parviendra à établir un diagnostic précis, assorti d'une prescription adaptée.

4
LE DIAGNOSTIC AYURVÉDIQUE

Lorsqu'il ausculte un patient, le médecin ayurvédique doit considérer une multitude d'éléments afin d'en tirer des informations précises sur son état de santé. Contrairement au médecin occidental, il ne se réfugie pas derrière des batteries d'analyses, radios, examens de laboratoire... Il dispose d'autres outils, moins techniques mais tout aussi performants.

Tous ces outils ont pour but de l'aider à déterminer le déséquilibre qui est à l'origine du trouble dont souffre son patient, mais aussi de comprendre son terrain, son (ou ses) Dosha dominant(s). Là où la médecine occidentale observe une maladie déclarée, la reconnaît, l'étiquette et délivre des traitements identiques (ou presque) pour tous les malades, l'Ayurvéda cherche à percer les mystérieux rouages des relations que chaque patient entretient avec son trouble et avec sa constitution, afin de délivrer un traitement qui correspondra précisément à chaque individu et au rythme de développement de la maladie.

LA PRISE DE POULS

La prise de pouls est la pièce maîtresse de ce dispositif. Il ne s'agit pas seulement de percevoir le rythme des battements cardiaques. En prenant le pouls, le médecin sent battre sous ses doigts les trois Dosha et peut déterminer leur état : en équilibre, en excès ou en insuffisance. Cette prise de pouls est une vraie science qui a pour nom *Nadi vijnana*. La subtilité nécessaire pour sentir les infimes variations et les interpréter demande beaucoup de temps et de pratique.

Le pouls principal se prend sur le poignet, comme en médecine occidentale (pouls radial). Mais on sent les pulsations simultanément en trois endroits, avec l'index, le majeur et l'annulaire.

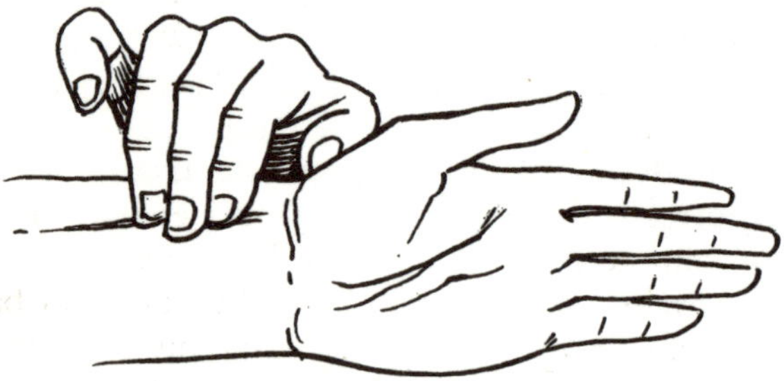

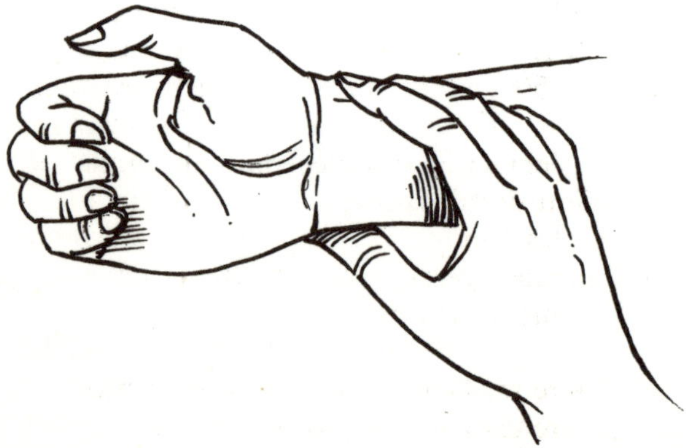

On posera d'abord l'index, puis le majeur et enfin l'annulaire. Le premier permet de sentir l'état de l'énergie *Vata*, le deuxième de *Pitta* et le dernier de *Kapha*.

Dans un premier temps, le médecin essaie de percevoir laquelle de ces trois pulsations est la plus marquée, ce qui lui donne une information sur le Dosha dominant. Ensuite, il cherche à évaluer la « qualité » de chaque pulsation, donc de chaque Dosha.

Lorsque *Vata* domine, le pouls que l'on perçoit sous l'index est faible mais rapide et irrégulier, ondulant comme le mouvement d'un serpent dans le sable. On le qualifie de frais et d'étroit. Le cœur bat alors rapidement, entre 80 et 100 pulsations à la minute.

Lorsque *Pitta* prédomine, le majeur perçoit un pouls bondissant comme une grenouille au bord d'une mare. On le qualifie d'excité, chaud, modéré, régulier. Le cœur bat un peu plus lentement, entre 70 et 80 pulsations par minute.

Lorsque *Kapha* prédomine, on sent sous l'annulaire une pulsation plus lente et lourde, qui fait penser au mouvement d'un cygne à la surface de l'eau. On qualifie ce pouls de fort, stable, doux, large. Le cœur a encore ralenti, puisqu'on ne sent plus que 50 à 70 pulsations par minute.

En règle générale, le médecin prend le pouls sur les deux bras, mais l'un des deux sera plus révélateur que l'autre : le gauche pour les femmes et le droit pour les hommes.

Il est également possible de prendre le pouls en différents endroits du corps, sur d'autres artères :

– sur l'artère temporale, au niveau des tempes ;
– sur l'artère carotide, au niveau du cou ;

– sur l'artère brachiale, au niveau du haut du bras ;
– sur l'artère fémorale, au niveau de l'aine ;
– sur l'artère tibiale, au niveau de la cheville ;
– sur l'artère dorsale, au niveau du pied.

Ces différents pouls donnent des indications sur l'état de la circulation d'énergie dans les canaux qui parcourent le corps physique subtil. Ils permettent aussi de connaître l'état des organes. Pour cela, il faut prendre, sur un même point, le pouls superficiel (sans appuyer) et le pouls profond (en appuyant).

La régularité, la puissance et la fréquence de ces pouls peuvent être perturbées par certains éléments extérieurs. C'est pourquoi on ne prend jamais les pouls après un massage, après un repas, après s'être exposé au soleil ou à la chaleur d'un feu, après l'acte sexuel ou après un bain… ni lorsqu'on a faim.

L'OBSERVATION DE LA LANGUE

Les médecins ayurvédiques portent une attention toute particulière à la langue de leurs patients. Cet organe, à la fois celui du goût et de la parole, est comme une carte sur laquelle sont projetées les différentes parties du corps.

Cette observation prend en compte tous les aspects de la langue : la couleur, l'humidité, l'épaisseur, la couleur et la consistance de l'enduit qui la recouvre, l'empreinte des dents sur les côtés, les irrégularités de sa surface… Ainsi, si le fond de la langue est blanchâtre, cela signifie que les toxines s'accumulent dans l'intestin. Si la langue est très rouge, cela indique un excès de *Pitta*. À l'inverse, si elle est très pâle, cela indique une insuffisance dans le Dhatu du sang.

L'OBSERVATION DU CORPS ET DU VISAGE

En Ayurvéda, l'observation du corps est primordiale. Comme nous l'avons déjà expliqué[1], la stature physique, la finesse ou l'épaisseur du squelette et de la musculature, la souplesse des articulations, le teint, l'état de la peau et des cheveux, la démarche... donnent des indications sur les déséquilibres des Dosha. L'observation des ongles fait aussi partie du diagnostic. Ce tissu est en relation avec les os et lié à l'énergie de *Vata*. S'ils sont secs et cassants, c'est que *Vata* est en excès. Les stries à la surface des ongles signalent des troubles de l'assimilation ou une faiblesse du « feu digestif ».

Le visage offrira une mine riche en informations. Outre la peau et les cheveux, le médecin observe la forme du visage, les lèvres, les yeux.

Les rides : certains sillons qui se creusent sur le visage sont le reflet de déséquilibres intérieurs. Les rides verticales entre les sourcils, par exemple, indiquent une surcharge dans le foie ou dans la rate, selon que la ride est à droite ou à gauche de la ligne médiane du front.

Les yeux : la forme et l'éclat de l'œil révèlent le Dosha dominant. Les yeux des personnes de type *Pitta* sont brillants, alors que ceux des personnes de type *Vata* sont petits et perçants et ceux des personnes de type *Kapha* grands et doux. Une hypersensibilité à la lumière signale un excès de *Pitta*, tout comme les rougeurs et les irritations de la conjonctive. D'autres signes ont un sens plus précis et

1. Voir les paragraphes consacrés aux caractéristiques physiques et psychologiques des Dosha, p. 20.

révèlent des troubles en gestation : un petit iris exprime une fragilité articulaire, alors que des taches noires dans l'iris signalent une mauvaise assimilation de l'alimentation.

Les lèvres : sèches et fendillées, elles sont le signe d'un excès de *Vata ;* gonflées et humides, elles signalent un trouble de *Kapha*. Leur coloration est également importante : si elles prennent une teinte jaunâtre, c'est que *Pitta* déborde ; si elles sont plutôt pâles, c'est le contraire, *Pitta* est insuffisant.

Le questionnaire médical

Au terme de cette minutieuse observation, le médecin ayurvédique passe à l'interrogatoire. Ses questions n'ont pas pour seul but de faire le point sur les symptômes dont souffre le patient. Il s'agit également de confirmer ce qu'il a déjà perçu quant à la constitution de son patient et aux déséquilibres énergétiques qui sont à l'origine de ses troubles.

Les questions portent sur des sujets aussi différents que les selles et les urines (fréquence, apparence, odeurs...), le caractère, les émotions, la qualité du sommeil, la teneur des rêves, l'appétit, les préférences et les aversions alimentaires, la consommation d'excitants (café, alcool, tabac...), la résistance à la douleur, la frilosité...

Au terme de cet examen complet, qui intègre aussi des palpations des organes, le médecin est à même d'établir un traitement dont le but n'est pas seulement de faire taire les symptômes, mais surtout de rééquilibrer les énergies de son patient afin que celui-ci retrouve non seulement sa santé physique, mais également sa joie de vivre et son harmonie intérieure.

5

Les outils de l'Ayurvéda

La maladie et la guérison procèdent, toutes deux, de données à la fois palpables et impalpables, tangibles et intangibles. Si le comportement peut révéler des déséquilibres énergétiques (l'avarice ou la colère, par exemple), une modification dans notre manière d'être peut avoir un effet thérapeutique. Les outils de l'Ayurvéda dépassent donc largement le cadre des simples remèdes, qu'il s'agisse d'aliments, de plantes, de minéraux… L'état d'esprit dans lequel se trouvent le médecin et le patient est également à prendre en compte.

Les qualités indispensables du médecin et du patient

Depuis quelques décennies, le monde scientifique occidental se penche avec curiosité sur les rouages de l'effet placebo, cette capacité « d'autoguérison » qui permet à notre corps d'œuvrer seul à partir du moment où il reçoit ce que nous pensons être un médicament efficace, quand bien même il s'agit d'une pastille de sucre. Cet effet placebo représente une partie de l'effet thérapeutique de tous les traitements, même des actes chirurgicaux les plus techniques. Nous savons maintenant qu'un traitement, quel qu'il soit, est plus efficace lorsque le patient fait entièrement confiance à son thérapeute.

L'Ayurvéda avait déjà perçu cette dimension de la relation thérapeutique. Au point que les textes fondamentaux décrivent les qualités indispensables pour le médecin comme pour le patient.

Les qualités indispensables du médecin ayurvédique : un bon médecin est celui qui est capable d'être plus fort que la maladie. Pour cela, il doit avoir été formé auprès d'un maître à la fois sage et compétent, qui lui aura enseigné la théorie et la pratique. Il doit faire preuve d'habileté et d'ouverture d'esprit. Il doit être avec ses patients comme « une poule qui couve ses œufs », responsable et disponible jour et nuit jusqu'à ce qu'il ait vaincu la maladie. Et ensuite, il devra être capable de « sentir » l'évolution de l'état de santé de son patient, même lorsque ce dernier sera loin de lui.

Pour y parvenir, le médecin doit être « pur » : sur le plan mental, il doit être dénué de mauvaises intentions et de pensées négatives ; sur le plan physique, exécuter régulièrement les gestes de purification (douches, bains, méditations, mantras...). Il doit jouir pleinement de ses cinq sens. Il doit savoir toucher ses patients avec délicatesse, de manière que son contact soit à la fois réconfortant et agréable. Il doit être courageux et ne jamais baisser les bras devant une maladie, aussi grave soit-elle. Il ne doit pas être paresseux. Il doit aimer son travail. Il doit être capable d'improviser des traitements d'urgence avec les produits qu'il a à portée de main, de manière à ne jamais être démuni. Il doit être un véritable amoureux de la Vérité, un chercheur insatiable. Il doit suivre son propre chemin d'évolution avec régularité et persévérance. Il ne doit pas être attaché à l'argent, ni avoir une trop haute opinion de lui-même. Il doit être discret et garder pour lui les confidences que lui font ses patients. Il doit être très fiable et ne jamais trahir quiconque. Il ne doit pas être coléreux, jaloux ou hypocrite. Il doit être capable, entre les lignes et les mots, de percevoir la personnalité de ses patients. Il doit aussi suivre son intuition.

Cette liste n'est pas exhaustive, loin s'en faut. Dans les textes fondateurs de l'Ayurvéda, il est écrit que les imperfections morales empêchent d'acquérir une bonne maîtrise des énergies, indispensable pour prétendre soigner. La formation au métier de thérapeute n'est pas un simple enseignement. C'est une véritable discipline au sens spirituel du terme *(Sadhana)*.

Les patients, eux aussi, ont des obligations. Une consultation médicale, quelle que soit la médecine pratiquée, n'est réussie que si deux personnes se rencontrent et mettent en commun leur savoir : le thérapeute et le patient. C'est de cette collaboration étroite, sincère et sans faille qu'émerge la lumière de la guérison. Les textes donnent donc des indications précises sur les qualités que doit présenter un bon patient.

Les qualités indispensables du patient ayurvédique : il doit être suffisamment conscient de lui-même et clair dans ses propos pour exposer précisément au médecin son état, son terrain, ses sensations... Il doit être en mesure de supporter les traitements qu'on lui prescrira, quels qu'ils soient, et surtout prêt à les suivre jusqu'au bout. Pour cela, il doit faire une absolue confiance au médecin. Il doit être prêt à modifier ce qui, dans son hygiène de vie quotidienne, est mauvais pour sa santé. Il doit avoir du respect et de la gratitude pour son médecin.

Enfin, il est dit que le patient doit avoir suffisamment d'argent pour payer son médecin ; et en même temps, que celui-ci doit adapter le traitement et le prix de ses soins aux revenus de son patient. Ainsi, l'argent trouvera une juste place, ni trop importante (le médecin ne doit pas être avide), ni trop secondaire (il mérite d'être justement rémunéré pour son travail). De tels préceptes ne sont pas sans rappeler la relation entre le psychanalyste et son patient, au sein de laquelle l'argent joue un rôle symbolique (la valeur que le patient s'accorde à lui-même) sans pour autant mettre de côté la réalité (certains psychanalystes adaptent le tarif des séances aux revenus de leurs patients).

LES SIX SAISONS DE LA CULTURE INDIENNE

Avant d'étudier précisément les différentes techniques thérapeutiques, il convient de comprendre l'importance des saisons dans l'établissement du diagnostic et la mise au point des traitements.

L'Ayurvéda ne sépare jamais l'être de son environnement, lequel influence l'équilibre des Dosha. L'été, par exemple, est la saison où *Pitta* prédomine. Les personnes à tendance *Pitta* verront les effets du Feu s'amplifier en été. À l'inverse, les personnes ayant une insuffisance de *Pitta* en subiront moins les conséquences au plus chaud de l'année, puisque les conditions extérieures compenseront légèrement ce déficit. Le médecin ayurvédique doit tenir compte de la saison lorsqu'il établit son diagnostic, en relativisant ce que son patient exprime à la fois de son caractère, de ses comportements et de ses troubles physiques. De la même manière, les traitements ne sont pas tout à fait les mêmes selon les saisons, surtout dans les extrêmes.

Là où la culture occidentale compte quatre saisons, séparées par les solstices et les équinoxes[1], la culture

---

1. Le solstice d'été correspond au moment où les jours cessent de s'allonger et commencent à décroître ; le solstice d'hiver, à celui où les jours cessent de raccourcir pour s'allonger à nouveau. Les deux équinoxes, de printemps et d'automne, correspondent à deux moments d'équilibre entre le jour et la nuit.

indienne en compte six. Chaque saison dure environ deux mois. Leurs dates de début et de fin ne sont pas fixes, mais dépendent de l'évolution du climat au cours de l'année. Lorsque la chaleur estivale dure plus longtemps que d'ordinaire, la saison suivante (début de l'automne) se fait plus courte. L'astronomie n'est pourtant pas absente de ces saisons, car pendant les trois premières, le Soleil évolue du sud vers le nord, et pendant les trois suivantes, du nord vers le sud.

Shishira : première saison du calendrier védique. C'est la saison froide, qui correspond à notre hiver bien qu'elle commence plus tard. Elle s'écoule de mi-janvier à mi-mars environ.

Vasanta : deuxième saison, de mi-mars à mi-mai. Elle correspond au début de notre printemps et possède les mêmes caractéristiques.

Grishma : cette saison ne correspond pas à notre calendrier. Elle court de mi-mai à mi-juillet. C'est la saison chaude et sèche.

Varsha : de mi-juillet à mi-septembre s'écoule cette saison chaude et humide.

Sharada : cette saison correspond au début de notre automne, puisqu'elle s'étend de mi-septembre à mi-novembre. C'est une saison plutôt douce au début, comme notre été indien, qui change progressivement pour préparer l'hiver.

Hemanta : de mi-novembre à mi-janvier, c'est l'hiver. Les différences entre *Hemanta* et *Shishira,* les deux saisons hivernales, varient selon les années et les lieux géographiques.

Les conseils d'hygiène de vie quotidienne[1] varient en fonction des saisons. Pendant *Vasanta*, par exemple, c'est l'énergie de *Kapha* qui prédomine. Pour éviter de déséquilibrer cette énergie, il est conseillé de manger moins, de pratiquer des purifications digestives, et de faire des massages à sec *(Udvartana)*, sans utiliser d'huiles. Les saisons influencent également l'alimentation et le choix des plantes médicinales par le biais des relations qu'elles entretiennent avec les six saveurs.

Les six saveurs de l'Ayurvéda

Lorsqu'ils parlent de « saveur », les textes fondateurs de l'Ayurvéda ne font pas seulement référence au goût des aliments. Il s'agit d'une notion plus vaste et plus complexe, qui fait intervenir l'énergie des aliments, des plantes et même parfois des minéraux. En sanskrit, on la nomme *Rasas*, ce qui signifie *goût* ou *essence*. La saveur, c'est à la fois l'impact physiologique d'un aliment sur l'organisme (les aliments piquants réchauffent l'organisme, les aliments sucrés ont des vertus adoucissantes), et leur impact énergétique sur l'équilibre des Dosha.

Les six saveurs sont le sucré, l'acide, le salé, le piquant, l'amer et l'astringent. Chacune est une combinaison de deux éléments, et de ce fait, agit sur les Dosha en augmentant certains et en affaiblissant les autres.

La saveur sucrée : c'est celle des céréales, des féculents et des aliments sucrés. C'est une énergie froide, faite de la combinaison de la Terre et de l'Eau. Elle augmente *Kapha* et réduit *Pitta* et *Vata*.

---

1. Voir « L'hygiène quotidienne selon l'Ayurvéda », p. 91.

La saveur acide : c'est celle de certains fruits et légumes ayant un goût acide, ainsi que des aliments fermentés (yaourt, par exemple). C'est une énergie chaude, faite de la combinaison de la Terre et du Feu. Elle augmente *Kapha* et *Pitta*, et réduit *Vata*.

La saveur salée : c'est celle du sel de table, et aussi des algues et des produits de la mer. C'est une énergie chaude, faite de la combinaison du Feu et de l'Eau. Elle renforce *Kapha* et *Pitta*, et elle réduit *Vata*.

La saveur piquante : c'est celle de certaines épices comme le piment ou le gingembre. C'est une énergie chaude, faite de la combinaison du Feu et de l'Air. Elle renforce *Pitta* et *Vata*, et elle réduit *Kapha*.

La saveur amère : c'est celle de certains aliments au goût amer, et surtout de nombreuses plantes médicinales comme la gentiane. C'est une énergie froide, faite de la combinaison de l'Air et de l'Éther. Elle augmente *Vata*, et réduit *Pitta* et *Kapha*.

La saveur astringente : c'est celle des aliments et des plantes médicinales qui contiennent beaucoup de tanins. C'est une énergie froide, faite de la combinaison de la Terre et de l'Air. Elle augmente *Vata*, et réduit *Pitta* et *Kapha*.

De par leur nature énergétique, les six saveurs ont des applications thérapeutiques précises qui découlent de leur action sur les Dosha. Les aliments deviennent ainsi de véritables médicaments, au même titre que les plantes médicinales[1]. Voici, en résumé, leurs principaux effets :

---

1. Voir le paragraphe sur l'alimentation (p. 67) et celui sur les plantes médicinales (p. 73).

Les effets thérapeutiques de la saveur sucrée : elle est équilibrante et adoucissante, car elle renforce globalement tous les tissus vitaux *(Dhatu)*. Elle est particulièrement importante pour les enfants en période de croissance. Elle favorise la formation du tissu adipeux, ce qui la rend utile pour lutter contre l'amaigrissement excessif accompagnant certaines maladies graves. Elle apaise les inflammations (surtout des muqueuses) et les sensations de brûlures (acidités gastriques, ulcère). Sur le plan psychique, la saveur sucrée est également équilibrante, elle renforce la sensation de satisfaction et d'harmonie. La tradition ayurvédique dit que la saveur douce prolonge la vie. Elle augmente le niveau d'énergie, notamment au niveau musculaire.

Les effets thérapeutiques de la saveur acide : elle est globalement stimulante. Elle agit sur la digestion, notamment en diminuant les gaz et les ballonnements. Elle stimule le transit en accélérant le travail des muscles péristaltiques (qui entourent les parois intestinales). Elle accélère la croissance des tissus, à l'exception des organes reproducteurs. Lorsqu'on l'avale, la saveur acide réchauffe le corps de l'intérieur. Mais lorsqu'on l'utilise par voie externe, sur la peau, elle apporte de la fraîcheur. Elle augmente le « feu digestif », *Agni*. Cependant, en trop grande quantité, la saveur acide peut provoquer des irritations (notamment digestives) et favoriser les hémorragies.

Les effets thérapeutiques de la saveur salée : elle est globalement sédative et légèrement laxative. Son action digestive dépend de la quantité que l'on absorbe. Si elle est réduite, la saveur salée stimule la digestion. Si elle est modérée, elle a un effet purgatif. Si elle est importante, la purge peut aller jusqu'aux vomissements, que l'Ayurvéda ne considère pas comme un trouble (sauf en cas d'infection digestive), mais comme un instrument de nettoyage intérieur[1]. Globalement, la saveur salée dissout les toxines accumulées dans les tissus. Sur un plan strictement énergétique, la tradition ayurvédique affirme que la saveur salée « nettoie les canaux d'énergie ». Mais elle s'oppose aux autres saveurs, qu'elle diminue au point parfois de les faire disparaître. Il ne faut donc pas mélanger la saveur salée aux autres traitements, notamment aux plantes médicinales.

Les effets thérapeutiques de la saveur piquante : elle stimule globalement le métabolisme, faisant grimper la température interne et améliorant toutes les fonctions organiques. La saveur piquante permet aussi de lutter contre le froid. Elle stimule les perceptions gustatives. On l'utilise traditionnellement pour lutter contre les œdèmes et les éruptions cutanées urticantes. Elle est d'une aide précieuse pour combattre l'obésité.

Les effets thérapeutiques de la saveur amère : elle est détoxifiante et reconstituante. Elle permet de nettoyer l'organisme en profondeur. Elle améliore le fonctionnement mental en favorisant la légèreté de l'esprit. Traditionnellement, on l'utilise en Inde pour calmer la soif, chasser les vers intestinaux, combattre les nausées, lutter contre les démangeaisons. Comme elle est chaude et asséchante, elle réduit le volume des selles et des urines. Elle produit du froid dans l'organisme, ce qui en fait une alliée contre la fièvre.

Les effets thérapeutiques de la saveur astringente : elle resserre tous les tissus, ce qui permet de neutraliser les écoulements

---

1. Voir « L'hygiène quotidienne selon l'Ayurvéda », p. 91.

liquides. Elle permet ainsi de combattre les diarrhées, les transpirations excessives, les rhumes qui se manifestent par des écoulements clairs et abondants... Elle accélère la cicatrisation des tissus. Elle contribue à la coagulation sanguine, ce qui la rend utile en cas de saignements. Sur le plan psychique, elle a une action sédative.

Mais d'autres éléments interviennent qui participent à faire de ces saveurs un instrument thérapeutique fin et performant. Ainsi, au cours des processus de digestion et d'assimilation, certaines saveurs se modifient. D'où la notion de « saveur post-digestive ». Cette transformation concerne la saveur salée qui se mute en saveur sucrée, l'amer qui se mute en piquant, et l'astringent qui devient lui aussi piquant. En outre, de nombreux aliments et plantes médicinales possèdent deux saveurs : sucrée/astringente, amère/astringente ou acide/piquante. Tous ces éléments sont à prendre en compte pour établir un traitement.

Le rôle des saveurs est affiné par la nature des aliments et des plantes. C'est ce que l'Ayurvéda appelle *Virya*. Quelle que soit sa saveur, un aliment ou une plante médicinale possède ainsi une nature énergétique : froide ou chaude, lourde ou légère, sèche ou humide, maigre ou grasse, stable ou mouvante, dure ou molle, grande ou petite, lisse ou rugueuse, subtile ou grossière, concentrée ou diluée. Les nombreuses combinaisons entre la saveur, la nature énergétique et la puissance d'action permettent aux médecins ayurvédiques de prescrire traitements végétaux et régimes alimentaires avec beaucoup de précision.

Enfin, le mode de préparation revêt aussi son importance. Lorsqu'on consomme un aliment cru et nature, il apporte au corps et à l'esprit sa saveur d'origine. Mais la cuisson, l'assaisonnement, la manière d'entreposer et de conserver les aliments transforment leur saveur. Il est ainsi possible, lorsqu'un aliment possède certains composants utiles et d'autres néfastes, d'amplifier les premiers et d'atténuer les seconds. C'est ce que l'on appelle les *Samskara*. Ces gestes permettent de civiliser l'aliment, de l'enrichir, de lui apporter davantage de subtilité. Il existe onze *Samskara :* transformation par l'eau (trempage, coupage...), cuisson au feu, barattage, entreposage dans un milieu particulier, fermentation, assaisonnement, concentration, utilisation de récipients particuliers (en métal, en terre cuite...), réduction en purée, transformation de l'aliment par l'énergie du son, et enfin enrichissement grâce à l'huile, au *ghee* et aux épices.

Voici quelques exemples. Le yaourt nature est un aliment de saveur acide qui augmente les inflammations, alors que le yaourt battu *(lassi)* a tendance à les diminuer. Certains fruits voient leur valeur nutritionnelle multipliée lorsqu'on les laisse reposer dans de la cendre froide pendant quelques jours. L'eau conservée pendant quelques heures dans un récipient en cuivre possède un pouvoir énergétique beaucoup plus important que l'eau normale.

L'ALIMENTATION : LA BASE DE TOUS LES TRAITEMENTS

Qu'il s'agisse d'hygiène de vie quotidienne ou de traitements thérapeutiques, l'alimentation en constitue la première étape. À tel point que pour un médecin ayurvédique, il ne sert à rien de suivre un traitement si on n'a pas, d'abord, modifié son alimentation quotidienne. Car les aliments, s'ils peuvent guérir, savent aussi provoquer des maladies. Plus exactement, nos erreurs alimentaires peuvent nous faire tomber malades si nous ne prenons pas soin d'adapter ce que nous mangeons à notre Dosha dominant, ainsi qu'à la saison et à l'environnement.

Ce sont surtout les « feux » métaboliques qui sont soumis au rythme de l'année qui s'écoule. Et tout particulièrement *Agni*, le « feu digestif ». Celui-ci est puissant pendant la saison froide, *Shishira*. Puis il faiblit au cours des saisons suivantes *(Vasanta et Grishma)* pour se retrouver au plus bas pendant la seconde saison chaude, *Varsha*. Il entame alors sa remontée au cours de *Sharada*, le début de l'automne, et retrouve son plein rendement pendant la première saison hivernale, *Hemanta*. En l'absence de toute maladie, il faut manger plutôt sucré, salé et acide pendant les saisons froides (*Hemanta* et *Shishira*), plutôt piquant, amer et astringent pendant *Vasanta*, et plutôt sucré, piquant et âcre pendant *Sharada*. Ces grandes tendances doivent être modulées par ce que l'on sait de son (ou ses) Dosha dominant(s).

Une alimentation mal adaptée peut provoquer divers troubles, en fonction du type d'erreur et de la constitution. Nous avons tous besoin de recevoir les six saveurs (aucune n'est mauvaise en soi), mais dans des proportions qui varient d'une personne à l'autre. Un excès d'aliments de saveur salée risque de perturber plus rapidement les personnes à dominante *Kapha*, et dans une moindre mesure *Vata*. Chaque saveur possède aussi son potentiel d'action. La saveur sucrée, par exemple, ne devient déséquilibrante que si on en mange excessivement. La majorité des aliments ont une saveur sucrée, couplée ou non à une autre. En revanche, les saveurs piquante et amère agissent, même lorsqu'on les absorbe en petite quantité. Il faut donc être particulièrement vigilant.

L'Ayurvéda parle aussi des « substances pures ». Il s'agit de produits (aliments ou plantes) particulièrement représentatifs de la saveur qu'ils portent en eux : le sucre pur pour la saveur sucrée, le sel de cuisine pour la saveur salée, le piment pour la saveur piquante, l'alcool pour la saveur acide, les plantes très amères et très astringentes. Il faut être particulièrement prudent avec ces substances qui peuvent entraîner des déséquilibres énergétiques lorsque leur saveur n'est pas adaptée ; en revanche, elles auront un fort pouvoir thérapeutique si elles correspondent aux besoins du patient.

Les saveurs ont un tropisme particulier avec les principaux organes. Elles sont donc susceptibles de les abîmer lorsqu'on les consomme en excès :

La *saveur sucrée* est particulièrement agressive pour la rate et le pancréas. Il faut l'éviter en cas de diabète, mais aussi en cas d'obésité avérée, de tumeurs, de vomissements, de fièvre, de rhume, d'urticaire, de maux de tête…

La *saveur acide* est particulièrement agressive pour le foie. Il faut l'éviter en cas d'anémie, de soif intense, d'œdème, de démangeaisons.

La *saveur salée* est particulièrement agressive pour les reins. Il faut l'éviter en cas d'hypertension, d'hémorragies, de maladies oculaires. Il faut également en diminuer fortement l'apport lorsque l'énergie de *Ojas* fait défaut.

La *saveur piquante* est particulièrement agressive pour les poumons. Il faut l'éviter en cas de fièvre, de vertiges, de tremblements, de brûlures. Il faut également en réduire fortement l'apport en cas d'absence d'ovulation ou de mauvaise qualité du sperme[1].

La *saveur amère* est particulièrement agressive pour le cœur. Il faut l'éviter dans toutes les manifestations de sécheresse : constipation avec des selles petites et dures, peau et cheveux secs, sécheresse des muqueuses…

---

1. Il existe en Inde une « pilule contraceptive » naturelle, faite de plantes à la saveur piquante.

La *saveur astringente* est particulièrement agressive pour le côlon. La tradition conseille de l'éviter en cas de flatulences, de fragilité des parois veineuses et artérielles, et même de paralysie.

Les aliments et leurs saveurs

Ainsi, face à un trouble quel qu'il soit (physique ou psychique), le médecin ayurvédique peut envisager un déséquilibre énergétique dû à des erreurs alimentaires. Si c'est le cas, le patient doit d'abord rectifier ses habitudes alimentaires, avant tout autre traitement. Le médecin conseillera en outre certains aliments ou plantes spécifiques, choisis en fonction de leur saveur et de la puissance de leur action, dont l'effet ne sera plus préventif, mais directement curatif.

Voici quelques aliments courants, classés selon leur saveur.

Les aliments de saveur douce

- *Céréales :* le riz (basmati de préférence), le millet (doux et astringent), le blé, le sarrasin, la farine d'orge grillée.
- *Légumineuses :* les pois chiches (doux et astringents), les lentilles, les fèves.
- *Légumes :* l'artichaut, la betterave, le chou (doux et astringent), le chou-fleur (doux et astringent), la laitue (douce et astringente), les champignons, les oignons cuits, la pomme de terre, les courges et les potirons, le concombre.
- *Les fruits frais et secs :* la cerise, la poire, la pêche, la figue, la datte, la pistache, la cacahuète, la noix de cajou.
- *Les produits sucrés :* le miel (doux et astringent), le sucre blanc ou roux, la mélasse.
- *Les huiles végétales :* l'huile d'olive, l'huile de sésame (douce et astringente), l'huile de tournesol (douce et acide).
- *Les laitages :* le lait de vache, le lait de chèvre (doux et astringent), le beurre, la crème, le beurre clarifié (ghee).

– *Les produits animaux :* la viande de bœuf, la viande d'agneau, la viande de canard, les poissons (doux et salés), les œufs.
– *Les aromates :* eau de rose.

Les aliments de saveur acide
– *Légumes :* la tomate.
– *Les fruits frais et secs :* l'abricot, le citron, l'orange (acide et douce), le raisin (acide et doux), l'ananas (acide et doux), la fraise, la grenade, le coing, la mangue, la papaye.
– *Les huiles végétales :* l'huile d'arachide (acide et douce).
– *Les laitages :* le yaourt (acide et doux), le lait caillé (acide et doux), le petit-lait.

Les aliments de saveur salée
– Les algues, le sel de table, certains produits de la mer.

Les aliments de saveur amère
– *Les légumes :* l'asperge (amère et douce), la carotte (amère et douce), l'aubergine (amère et douce), le fenouil, l'olive (douce et amère), les champignons (amers et doux), l'endive (amère et astringente), le pissenlit.
– *Les fruits frais et secs :* les noix (amères et douces), les amandes (douces et un peu amères).
– *Les aromates :* la coriandre, le cumin, la menthe, l'aneth, le fenugrec.

Les aliments de saveur piquante
– *Les céréales :* le quinoa.
– *Les légumes :* l'oignon cru, le radis, le navet, le cresson, le piment, l'ail.
– *Les huiles végétales :* l'huile de moutarde (piquante et douce).
– *Les produits animaux :* la viande de poulet.

– *Les aromates :* la cannelle, le zeste d'orange (piquant et amer), les graines de fenouil, le clou de girofle, le gingembre, la marjolaine, le basilic, l'anis, le curcuma, la noix muscade, le romarin (piquant et amer), le thym, l'estragon, la moutarde, la poudre de curry, le poivre.

Les aliments de saveur astringente
– *Céréales :* l'orge (astringente et douce), le maïs (astringent et doux).
– *Légumineuses :* les haricots blancs (astringents et doux), le soja (astringent et doux).
– *Légumes :* la carotte (astringente et douce), les épinards (astringents et doux), le chou (astringent et doux).
– *Les fruits frais et secs :* la banane (astringente et douce), la pomme (astringente et douce).
– *Les huiles végétales :* l'huile de sésame (astringente et douce).
– *Les produits animaux :* la viande de lièvre (astringente et douce).
– *Les aromates :* le safran (piquant, astringent et amer), la vanille (piquante et astringente) la sauge (astringente, piquante et amère).

Les aliments et leurs vertus

Au-delà de cette classification, certains aliments possèdent des indications thérapeutiques précises, au même titre que les plantes médicinales. Ces vertus sont dues à leur saveur, à leur nature énergétique et à la puissance de leur action. Voici quelques exemples :

Acidité gastrique : carotte.
Anémie : aubergine, yaourt, lièvre.
Convalescence : miel.
Constipation : citron, melon, huile d'olive, riz grillé.
Diarrhée : pomme, lait, beurre, lièvre, orge.

Démangeaisons : huile de sésame.
Fièvre : orge, aubergine, raisin, lait de chèvre.
Hoquet : miel.
Hypertension artérielle : orange, melon.
Maigreur : mangue, viande de bœuf.
Maux de gorge : épinards, radis, citron, ananas.
Nervosité : banane, huile de tournesol.
Rhume : pois chiches, huile d'olive, miel.
Troubles de la mémoire : amandes, noix, beurre.
Vers intestinaux : carotte, citron, orange, huile de moutarde.
Vertiges : orange, miel.

LES PLANTES MÉDICINALES : LA PLUS VIEILLE PHARMACOPÉE DU MONDE

L'Ayurvéda considère les plantes médicinales comme des « superaliments », aux vertus et au pouvoir énergétique particulièrement puissants. Les plantes sont choisies en fonction de leur saveur et de leur nature énergétique. Les textes fondateurs de l'Ayurvéda soulignent les qualités indispensables d'un bon traitement à base de plantes :

– Chaque plante médicinale doit pouvoir se préparer de diverses manières (décoction, infusion, jus de plante fraîche, confiture…).
– Chaque plante doit avoir plusieurs applications et être capable de soigner différentes maladies.
– Chaque plante doit être de bonne qualité : elle doit avoir poussé dans une terre fertile et non polluée, ses racines et ses graines doivent être saines…
– La prescription doit tenir compte à la fois de la maladie dont souffre le patient, des symptômes qu'il présente, de sa constitution, de son environnement (climat, saison…), de son âge, de sa condition physique et psychique.

Les prescriptions ayurvédiques mélangent souvent plusieurs plantes, dont les vertus sont complémentaires. Parfois, des poudres de minéraux sont ajoutées aux préparations pour en potentialiser l'effet. Les préparations se feront selon l'effet recherché :

Le jus de plante fraîche : ces jus *(Swarasa)* sont obtenus par expression de plantes fraîches à travers un linge en coton. Ils doivent être purs et consommés immédiatement.

La poudre de plante : il s'agit de plantes séchées et réduites en poudre fine *(Churna)*, que l'on prend avec du miel, du lait ou de l'eau bouillie.

La macération classique : la plante séchée est mise à tremper pendant vingt-quatre heures, à température ambiante, à raison d'une dose de plantes pour huit doses d'eau *(Hima)*. La macération concentrée (la plante trempe dans seulement deux fois son volume d'eau) peut remplacer le jus de plantes lorsqu'on ne dispose pas de plantes fraîches.

La décoction et l'infusion : on les appelle respectivement *Kwatha* et *Phanta*. Dans le premier cas, la plante est placée dans l'eau froide, puis on fait chauffer le mélange qu'on laissera frissonner jusqu'à ce qu'il ait réduit (il doit rester environ un quart du liquide). La préparation de l'infusion est plus simple : il suffit de mettre la plante, réduite en poudre de préférence, dans l'eau bouillante et de laisser infuser jusqu'à ce que le liquide soit à température ambiante. Dans les deux cas, il faut filtrer la préparation avant de la consommer.

La manière dont les plantes sont préparées exerce une influence sur leur nature énergétique. Ainsi, le jus « alourdit » les plantes, alors que la tisane les « allège ». Plus la nature d'une préparation est lourde, plus son action est puissante. Mais elle peut s'avérer trop forte pour une personne fragilisée par la maladie. Le choix du mode de préparation se fait donc en fonction de l'effet recherché, mais aussi de la capacité de résistance du patient.

Souvent, les préparations contiennent, outre les plantes, des excipients naturels choisis en fonction de la constitution du patient et de la nature de ses troubles. Lorsque le « feu digestif » est affaibli, les plantes sont consommées avec un peu d'alcool. Dans les cas de grande fatigue physique et psychique, on leur adjoint plutôt du lait. Les personnes souffrant d'un déséquilibre de *Kapha* prennent leurs plantes avec du miel, celles dont *Pitta* est déséquilibré les absorbent avec du beurre clarifié *(ghee)*.

Par ailleurs, il ne faut pas négliger l'heure à laquelle on absorbe ces préparations. C'est le matin, à jeun, avant le petit déjeuner, que leur action sera la plus forte. Cet horaire est particulièrement conseillé pour soigner les troubles de *Vata* et de *Kapha*, et pour combattre l'obésité. On recommandera plutôt de les absorber au cours du repas lorsqu'il s'agit de calmer les excès de *Pitta*, notamment les troubles digestifs. Prises juste après le repas, les plantes sont surtout efficaces pour stimuler l'énergie dans la partie supérieure du corps. Enfin, au moment du coucher, elles soigneront les symptômes localisés dans la tête (nez, gorge, oreilles, yeux, bouche...).

LES PLANTES MÉDICINALES ET LEURS SAVEURS

La pharmacopée indienne compte des milliers de plantes que, pour la plupart, nous ne pouvons nous procurer dans les pays occidentaux[1]. Fort heureusement, nos deux traditions possèdent certaines plantes en commun.

---

1. Il est possible de se procurer certaines plantes ayurvédiques sur Internet, mais ce commerce se fait sans aucune garantie de qualité et n'est pas exempt de risques.

L'ail : de saveur piquante et de nature chaude, il agit surtout sur *Vata* et *Kapha*. Il est utilisé notamment pour soigner les rhumatismes, les troubles de la libido, les refroidissements…

L'aloès : de saveur à la fois amère et astringente, cette plante possède une nature fraîche. Elle agit sur les trois Dosha. Elle est utilisée notamment pour combattre la fièvre, pour lutter contre l'obésité, la constipation, les maladies du foie et de la peau.

Le basilic : de saveur piquante et chaude, il agit surtout sur l'énergie de *Vata* et de *Kapha*. Il est utilisé notamment pour combattre la toux, les maux de tête, les rhumatismes.

La cannelle : de saveur à la fois piquante et douce, elle a une nature chaude. Elle agit surtout sur l'énergie de *Kapha*. Elle est utilisée notamment pour soulager les rhumatismes, les nausées, les vomissements, les maux de gorge (angine, pharyngite…), ainsi que les parasites (vers intestinaux).

La cardamome : également piquante et douce, d'énergie chaude. Elle agit surtout sur *Vata* et *Kapha*. Comme elle est stimulante et expectorante, c'est un remède de la grippe et des infections bronchiques. Elle est également efficace contre les indigestions.

Le clou de girofle : de saveur piquante et de nature chaude, il agit surtout sur *Pitta* et *Kapha*. On l'utilise également pour combattre les refroidissements, les maux de gorge et les indigestions.

La coriandre : de saveur à la fois amère et piquante, elle a une nature fraîche. Elle agit sur les trois Dosha. On l'utilise pour combattre les infections urinaires, les troubles de la digestion, les allergies cutanées.

Le cumin : de saveur piquante et de nature chaude, il stimule *Vata* et *Kapha*. Il est utilisé notamment pour détoxifier l'organisme et pour soulager les symptômes qui siègent dans l'utérus.

Le curcuma : c'est une grande plante médicinale indienne, de saveur amère et astringente et de nature chaude. Cette plante stimulante est souvent prescrite pour combattre l'anémie et soulager les troubles circulatoires, digestifs ou cutanés.

Le fenugrec : cette plante amère et piquante possède une nature chaude. Elle agit surtout sur *Pitta* et *Kapha*. Comme elle est tonifiante, elle est souvent prescrite pour accélérer la convalescence. On l'emploie aussi pour combattre la déprime, les allergies et les rhumatismes.

Les pétales de rose : ils ont une saveur douce et une nature fraîche. Ils agissent en douceur sur les trois Dosha qu'ils équilibrent. Ils sont sédatifs (nervosité), calment les démangeaisons, réduisent l'hypertension artérielle.

Le genièvre : cette plante est piquante, amère et douce. Elle agit surtout sur *Vata* et *Pitta*. Elle stimule *Agni*, le « feu digestif ». On l'utilise surtout pour soulager les problèmes liés à la rétention d'eau (œdèmes), les douleurs articulaires (sciatique, lombalgie, arthrite) et les troubles digestifs.

Le gingembre : il est piquant et chaud. Il agit surtout sur *Vata* et *Kapha*. Il combat la constipation, les ballonnements digestifs, les douleurs articulaires, les maladies de la peau.

Le lilas : cette plante possède une saveur astringente et une nature fraîche. Elle est utilisée surtout pour soigner les diarrhées.

La menthe : piquante et fraîche, cette plante courante agit sur les trois Dosha. Son action stimulante en fait une alliée en cas de fatigue, mais aussi de refroidissement, de nervosité, d'insomnie, de troubles digestifs.

La noix muscade : elle est piquante et amère, de nature chaude. Elle agit surtout sur *Vata* et *Kapha*. Elle est couramment utilisée pour soulager les troubles digestifs (ballonnements, coliques, diarrhées…) et pour calmer la tension nerveuse. Elle régule le sommeil.

Le poivre noir : c'est la plante piquante et chaude par excellence. Il agit de manière préférentielle sur *Vata* et *Kapha*. On l'utilise généralement comme stimulant digestif, mais aussi pour chasser le froid (refroidissement, froideur des extrémités…).

La réglisse : elle est douce et amère, de nature fraîche. Elle agit sur les trois Dosha. On l'utilise surtout dans les problèmes respiratoires (toux, bronchite, maux de gorge) associés à de la fièvre. Elle est également tonique et expectorante. Sur le plan mental, elle est calmante.

Le safran : piquant et amer, il est de nature fraîche. Il réduit *Pitta* et régénère les Dhatu (les tissus vitaux). Sa sphère d'action est large : déprime, fatigue sexuelle, douleurs articulaires, maladies du foie et des yeux…

La salsepareille : elle est amère et douce, de nature fraîche. Elle agit surtout sur *Pitta* et *Vata*. On l'utilise traditionnellement pour combattre les troubles cutanés, la fièvre, la nervosité...

Le séné : amer et piquant, de nature fraîche, il agit surtout sur *Pitta* et *Kapha.* Son action purgative en fait un allié précieux en cas d'intoxication alimentaire, de parasites intestinaux, de digestion difficile. Il agit aussi contre la constipation. On l'associe souvent au gingembre pour limiter son action très puissante.

La valériane : elle est amère et astringente, de nature fraîche. Elle agit sur les trois Dosha. Elle est utilisée le plus souvent pour ses vertus calmantes et antispasmodiques : insomnies, nervosité, palpitations, douleurs d'origine nerveuse.

LES MASSAGES :
LA GUÉRISON AU CREUX DES MAINS

Dans les pays occidentaux, les massages (hormis les manipulations ostéo-articulaires) sont assimilés à la détente et au bien-être. Dans la tradition indienne, ils constituent à la fois un outil d'hygiène de vie – on les pratique en famille – et un véritable traitement médical. Ils ont donc une action bien-être et antistress, mais également préventive et curative. La pratique des massages procède de la même logique que le reste des thérapies ayurvédiques. Selon le type de soin, on peut équilibrer les différents Dosha, les stimuler ou les réduire. Les massages font partie du patrimoine de l'humanité. Cette pratique existe dans toutes les cultures. L'Ayurvéda en a simplement poussé le raffinement beaucoup plus loin que quiconque.

Le massage ayurvédique ne procède pas seulement d'une technique particulière. C'est un univers sensoriel, dans lequel l'état de conscience de la personne massée est aussi important que celui de l'individu qui masse. C'est pourquoi le massage doit toujours se pratiquer dans un endroit calme, agréable à l'œil, dans une lumière tamisée. Tous ces éléments contribuent à la détente mentale et préparent les deux protagonistes à la concentration qui leur permettra d'entrer dans une communication subtile de tout leur être par l'intermédiaire du toucher. On peut aussi pratiquer les massages à l'extérieur, dans la nature, à condition que les conditions soient clémentes : une lumière douce (il convient d'éviter le grand soleil de midi), une température agréable (on ne doit avoir ni chaud ni froid) ; et aucun regard indiscret ne devra venir perturber la séance.

Le masseur est toujours pieds nus afin de garder le contact avec l'énergie de la Terre. Lorsque c'est possible, le massage se pratique à même le sol. Pour que tous les éléments soient réunis, on place également des coupelles d'eau dans les coins de la pièce (Eau), on allume une bougie et on fait brûler un bâton d'encens (Feu), et on prend bien soin d'aérer abondamment le lieu (Air et Éther). Ces « rappels » des énergies fondamentales qui nous constituent facilitent la détente et la concentration du masseur et du massé.

Le masseur n'est pas seulement un technicien, et la personne qu'il masse ne peut être réduite à un corps. L'attitude intérieure du masseur est primordiale. Avant de pratiquer, il faut avoir non seulement appris les gestes du massage, mais aussi avoir fait un travail de développement intérieur. Pendant sa formation, le masseur apprend à développer son intuition, de manière à sentir la personne qui s'abandonne entre ses mains, à « écouter » son corps du bout des doigts. On lui enseigne également des techniques lui permettant d'avoir toujours les mains chaudes (pour le confort des personnes qu'il va masser) et de se recharger en énergie (pour masser, on ne doit pas être fatigué).

La personne qui reçoit le massage a, elle aussi, sa part de travail : elle doit savoir se relâcher, donner sa confiance, s'abandonner complètement entre les mains du masseur en détendant chaque muscle, chaque nerf, chaque organe. Ce lâcher-prise est indispensable pour que le massage délivre toute son efficacité. Cependant, les Occidentaux que nous sommes ont souvent du mal à accepter d'être touchés en dehors du cadre affectif et sensuel. Il faut parfois plusieurs séances pour que nous nous détendions complètement. Ces séances préliminaires constituent une sorte d'apprentissage du lâcher-prise qui s'avère ensuite très utile dans de nombreuses situations de la vie quotidienne.

Le massage ayurvédique se pratique couramment sur les personnes en bonne santé, dans un but de détente, de bien-être et aussi de prévention puisqu'il s'agit d'harmoniser les Dosha et d'éviter les risques de déséquilibre. Lorsqu'une personne est malade, le massage devient plus orienté et s'effectue suivant une prescription médicale précise, le médecin étant le seul à même de savoir de quel type de massage le patient a besoin.

On ne pratique jamais un massage dans certaines conditions :

- Dans les deux heures qui suivent un repas.
- Lorsque la vessie est pleine.
- Lorsque la personne a de la fièvre.
- Après une blessure (afin de ne pas perturber le travail d'autoréparation du corps).
- Pendant les deux premiers jours des règles.

Le massage ayurvédique possède des branches particulières : pendant un jeûne, on pratique des massages spécifiques. C'est également le cas pour les femmes pendant la grossesse et après l'accouchement, ainsi que pour les bébés et les jeunes enfants.

Les huiles de massage

Sauf dans certains cas de massage à sec, les massages se pratiquent en général avec un corps gras : parfois du beurre clarifié *(ghee)*, le plus souvent une huile. D'abord, cette matière permet aux mains du masseur de glisser sur le corps de la personne sans aucune friction ni sensations désagréables. La peau est le plus grand de nos organes, le plus lourd et le plus étendu. L'huile l'hydrate, la nourrit, l'assouplit, la revitalise. Un texte traditionnel dit : « Si on essaie de plier une branche sèche, elle se casse, mais si on lui applique d'abord beaucoup d'huile, alors on peut la plier. » Ce texte exprime bien les extraordinaires pouvoirs assouplissants des huiles, autant sur le corps que sur le mental, car le contact de mains bienveillantes sur un corps huilé favorise aussi la détente psychique, la relaxation et la concentration sensorielle.

Ces huiles ne sont pas choisies au hasard. Chacune possède ses fonctions particulières, notamment en ce qui concerne les Dosha.

L'huile de sésame : c'est l'huile de base des massages ayurvédiques. Très équilibrée, elle agit sur les trois Dosha. Elle contient beaucoup d'acides gras insaturés dont la peau est très friande, ainsi que des substances antioxydantes qui retardent les effets du vieillissement cellulaire. Elle aide à lutter contre la fatigue physique et psychique. On peut l'utiliser à tous les âges, même sur les jeunes enfants et les personnes très âgées.

L'huile d'olive : cette huile, très lourde, réchauffe en hiver et protège contre les rayonnements solaires en été.

L'huile de noix de coco : c'est un véritable produit cosmétique, qui nourrit la peau et la protège. Elle calme et accélère la cicatrisation en cas de coups de soleil, de brûlures, et même d'éruptions urticantes.

L'huile de moutarde : de saveur piquante et de nature chaude, elle renforce *Pitta* et diminue *Vata*. Elle réchauffe les muscles, élimine les douleurs articulaires et les contractions musculaires.

L'huile de ricin : de saveur douce et amère, elle calme *Pitta*. On l'utilise surtout pour masser les pieds et la tête (massage régulateur du sommeil).

Les huiles ayurvédiques : en plus de ces huiles simples, l'Ayurvéda préconise l'utilisation d'huiles complexes dont la composition est très ancienne. Elles contiennent généralement un mélange d'huiles et de nombreuses épices et plantes médicinales. L'huile *Tridosha*, par exemple, favorise l'équilibre des trois Dosha. Elle contient notamment des huiles de sésame, de noix de coco et de bois de santal, ainsi que de nombreuses épices (gingembre, coriandre, fenugrec, safran, clous de girofle, badiane, pétales de roses et du henné). L'huile pour bébé est conçue de manière à limiter la prédominance de *Kapha* normale à cet âge mais qui ne doit pas prendre des proportions trop importantes. L'huile *Ashwagandha* est fortifiante. Elle dynamise le corps et le mental, tout en favorisant la détente et le sommeil. L'huile *Maha narayana* diminue les excès de *Vata*. On l'utilise contre la nervosité, le stress, les douleurs articulaires… L'huile *Bala* tonifie les sept Dhatu, renforçant ainsi tous les tissus vitaux. Pour n'en citer que quelques-unes…

Le beurre clarifié : le *ghee* est un élément de base dans la culture indienne, tant en ce qui concerne l'alimentation que les préparations à partir de plantes ou les massages. Il est utilisé à la place de l'huile dans certains massages. Il agit surtout sur les déséquilibres de *Pitta*. Pour préparer du *ghee*, faites fondre un kilo de beurre, à feu très doux, dans une casserole à fond épais. Au fur et à mesure que le beurre se liquéfie, écumez la mousse qui se forme à sa surface. Le *ghee* est prêt lorsque le beurre, complètement fondu, est parfaitement clair et limpide. Il suffit alors de le verser dans un bocal hermétique et de le conserver à température ambiante, à l'abri de la lumière. Il se garde au moins un an. Plus il est ancien, plus ses vertus deviennent puissantes.

Les différents types de massages

Nous ne pouvons pas détailler ici tous les types de massages que compte la tradition ayurvédique. Voici seulement les principaux, assortis de leurs effets thérapeutiques.

Kansu : c'est un massage de la plante des pieds, qui se pratique avec un petit bol fait d'un alliage de métaux particuliers, conçu de manière à représenter les cinq éléments. Ce massage se fait avec du *ghee*. Il calme l'excès de Feu, soulage la nervosité et la colère, soigne les insomnies, les maladies des yeux, l'angoisse, la déprime. Il renforce l'énergie physique et psychique.

Shirotchampi : c'est un massage de la tête, que l'on peut pratiquer sur les bébés quelques semaines seulement après la naissance. Les mouvements vont toujours du sommet du crâne vers les oreilles, et du haut vers le bas. Ce massage se pratique couramment entre femmes, au sein de la famille.

Shirodhara : il ne s'agit pas à proprement parler d'un massage, mais d'une pratique qui s'intègre aux cures et aux programmes de soin. Elle consiste à faire couler sur le front du patient un filet d'huile chaude, sans interruption, pendant vingt à trente minutes. La régularité du flux huileux et le point précis sur lequel il s'écoule sont responsables de son action. En Inde, *Shirodhara* est pratiqué en milieu hospitalier pour traiter les troubles nerveux, y compris l'épilepsie et certaines formes de paralysie. Il demande alors une surveillance médicale sérieuse. En dehors de ce cadre, il soulage les problèmes de mémoire et de concentration, le stress, les insomnies, la fatigue psychique…

Shiropitchu : ce soin consiste à poser un coton imbibé d'huile aromatisée sur le chakra du sommet du crâne. Puis on le maintient en place à l'aide d'un bandeau pendant au moins une demi-heure. C'est un soin calmant et apaisant pour le corps comme pour l'esprit.

Abhyanga : c'est une des bases du massage ayurvédique. Il s'agit d'un massage global, holistique, qui sollicite toutes les zones du corps où s'inscrivent nos tensions physiques et nerveuses : le dos, le ventre, la poitrine… Ce massage équilibre globalement les trois Dosha, bien qu'il agisse plus particulièrement sur *Vata* dont il calme les excès. Il améliore la souplesse du corps et la résistance physique.

Shiva-Shakti : on l'appelle aussi le « massage du Sphinx » à cause de la position qu'adopte la personne massée, allongée sur le ventre, le buste relevé reposant sur les avant-bras posés au sol. Cette posture permet au masseur de travailler simultanément sur deux axes très importants : la colonne vertébrale et le sternum. Ce massage stimule l'énergie subtile et facilite l'évolution personnelle et l'élévation spirituelle.

Udvartana : voilà un massage qui s'effectue à sec, sans huile ni *ghee*, mais avec de la farine de pois chiche parfois associée à de la poudre d'argile très fine. Les gestes ne sont pas trop appuyés, afin de ne pas devenir désagréables. Ce massage équilibre surtout *Kapha*. Pour les personnes ayant une constitution *Vata*, il s'effectue avec un peu d'huile. Il nettoie la peau en profondeur, améliorant ainsi l'élimination. Il active la circulation sanguine et contribue à la régulation du cholestérol sanguin. Les futurs mariés reçoivent traditionnellement ce massage la veille des noces.

Shastishalipindsweda : ce massage s'effectue à l'aide de pochons de tissu remplis de riz complet cuit et trempés dans du lait chauffé à 45 °C. C'est un massage à quatre mains, effectué simultanément par deux masseurs qui insisteront sur les articulations et la colonne vertébrale. Il améliore la souplesse articulaire et atténue les douleurs. Il aide la digestion et le sommeil. Il renforce l'énergie physique, redonne confiance, courage et endurance.

Pichauli : c'est encore un massage à quatre mains, qui s'effectue avec de grandes quantités d'huile chaude (environ deux litres). Les gestes sont fluides et profonds, enveloppants. La durée de ce massage varie en fonction de l'effet recherché (entre une demi-heure et trois heures). Il équilibre l'énergie de *Vata* et fortifie tous les Dhatu. Il est, en plus, très assouplissant. Il convient très bien aux personnes âgées qui souffrent de raideurs et de douleurs articulaires.

Pizzichili : ce massage, toujours effectué à quatre mains, demande des quantités encore plus importantes d'huile (entre trois et cinq litres). Les masseurs trempent dans l'huile chaude des carrés de tissu, qu'ils essorent ensuite au-dessus du corps de la personne massée en suivant le trajet des canaux d'énergie. Pendant ce temps, de l'autre main, ils effectuent des gestes de massage selon le même circuit. Ce massage a une durée très précise : quarante-huit minutes. Lorsqu'il est terminé, il ne faut pas se rincer tout de suite, mais simplement s'essuyer et rester au chaud pour laisser l'huile finir de pénétrer à travers la peau. Il augmente la puissance des « feux » *(Agni)*, élimine la fatigue, améliore le sommeil, renforce l'immunité et protège contre les effets du vieillissement. Ce « soin royal » était autrefois réservé aux Maharadjas et aux Maharanis. Aujourd'hui, il fait partie des cures de réjuvénation *(Kayakalpa)*. Il est également pratiqué dans certains hôpitaux, accompagné d'une diète complète, pour soigner les rhumatismes, le diabète ou l'hypertension artérielle.

Le massage des marma : les marma sont des points d'énergie qui permettent d'agir directement sur la circulation de l'énergie vitale, un peu comme les points d'acupuncture en médecine chinoise. En sanskrit, le terme signifie à la fois « point », « zone », « cible », « caché », « secret » et « fragile ». Ce sont donc des zones secrètes du corps que le masseur prend pour cibles afin d'harmoniser les énergies les plus subtiles et d'aider la personne à ouvrir sa conscience. Pour effectuer ce massage, il ne suffit pas de connaître l'emplacement des marma. Il faut aussi être soi-même suffisamment ouvert pour entrer en résonance avec les énergies subtiles de la personne massée. C'est pourquoi l'apprentissage de ce massage relève d'un processus initiatique. On compte cent sept marma disposés sur les membres, le tronc, le torse, la tête et la nuque. Ces points d'énergie sont situés sur le trajet des innombrables méridiens d'énergie (on compte environ 72 000 *nadi*).

Les cures ayurvédiques

Pour entretenir le corps et l'esprit, et prévenir l'apparition des maladies, l'Ayurvéda propose de faire, de temps en temps, une cure. Il s'agit d'un ensemble de soins spécifiques, organisés dans un but précis. *Ojaskar*, par exemple, est une cure de remise en forme globale. *Karshan* est une cure drainante, qui débarrasse le corps de ses toxines et favorise l'amincissement. *Prasavpurve* est réservée aux femmes enceintes et permet de préparer la venue du bébé, alors que *Prasavottar* aide à récupérer après l'accouchement. *Kayakalpa* est une cure de régénération complète.

Ces cures associent toujours une diète alimentaire plus ou moins sévère (jeûne total, simple diète ou monodiète au cours de laquelle on se nourrit d'un seul aliment), des massages et des soins corporels *(Kansu, Abhyanga, Udvartana, Shiridara, Pichauli*[1]*...)*, des pratiques de nettoyage et de régénération physique *(Pancha karma)*, la pratique du yoga ou de la méditation.

Pancha karma est un concept original qui n'appartient qu'à l'Ayurvéda. Cette purification intérieure se déroule en trois phases :

Purva karma : c'est la phase préparatoire, qui comprend des séances de sudation et d'oléation. Il existe de nombreuses méthodes de sudation, qui vont des plus simples (s'envelopper dans une épaisse couverture et s'allonger dans une pièce chauffée) aux plus élaborées (plonger dans de l'eau une boule de cuivre chauffée à blanc et se chauffer à la vapeur

1. Voir le descriptif de ces soins p. 84.

qui s'en dégage). Les oléations peuvent être externes (massages et soins corporels à base d'huile) ou internes (ingestion d'huile ou de beurre clarifié [*ghee*]). La sudation et l'oléation permettent d'éliminer les toxines accumulées et de nettoyer le corps en profondeur.

Pradhana karma : c'est le cœur du *Pancha karma*. Cette phase consiste en cinq soins de purification : *Vaman* (vomissements provoqués) ; *Virechan* (ingestion de purgatifs) ; *Anuvasana basti* (lavement à l'huile) ; *Asthapana basti* (lavement à base de décoction de plante) ; *Nasya* (élimination des toxines par voie nasale). Toutes ces techniques ont pour but d'éliminer les toxines, de nettoyer l'organisme en le débarrassant de ce qui l'encombre.

Paschata karma : c'est la fin du traitement purifiant. Pour bénéficier des bienfaits de *Pancha karma* il faut, pendant les jours, voire les semaines qui suivent, observer certaines règles diététiques et pratiquer des exercices physiques.

Cet ensemble de pratiques permet d'équilibrer les Dosha, de stimuler les Dhatu, d'accélérer les Mala et de relancer la circulation énergétique. Elles permettent ainsi, selon les cas, d'entretenir la santé, de prévenir les maladies ou de soigner certains troubles déjà déclarés. Dans ce cas, il convient de consulter d'abord un médecin, qui prescrira le type de cure adapté aux problèmes du patient.

Tous les éléments sont maintenant en place : alimentation, massages, cures… Il ne reste plus qu'à organiser le traitement. Là encore, l'Ayurvéda dispose d'une approche précise et originale. Schématiquement, les soins suivent deux axes. Il s'agit :

– soit de réduire et calmer ;
– soit de purifier et éliminer.

Dans le premier cas, il s'agira d'atténuer un excès dans un ou plusieurs Dosha. Dans le second, il s'agit d'aider l'organisme et le mental à éliminer les toxines et les pensées négatives qui entravent son fonctionnement. Selon les cas, ces deux types de soins sont utilisés soit seuls, soit associés. Dans un cas comme dans l'autre, le but est le retour à l'harmonie énergétique qui est seule garante du maintien de la santé.

6

L'HYGIÈNE QUOTIDIENNE SELON L'AYURVÉDA

Tous les principes, toutes les notions, tous les outils dont nous venons de parler s'incarnent dans la vie quotidienne, sous forme de conseils physiques, mais aussi psychologiques et comportementaux. L'état d'esprit dans lequel on aborde chaque journée est au moins aussi important que les gestes à accomplir. L'Ayurvéda ne peut se concevoir en dehors d'une approche globale de l'humain, incluant son évolution personnelle.

L'ÉTAT D'ESPRIT AVANT TOUT

Pour cultiver un état d'esprit sain, pour désencombrer notre mental et purifier notre âme, l'Ayurvéda propose de pratiquer le *Karma yoga*. Ainsi nomme-t-on le « yoga de l'action désintéressée ». En sanskrit, *yoga* signifie simplement « action ». Il ne s'agit donc pas ici d'une discipline corporelle, mais d'une manière d'être au quotidien, d'une discipline spirituelle.

Pour pratiquer le *Karma yoga*, il faut essayer de travailler en se concentrant sur l'action de manière à transformer le travail en don de soi. Ce n'est pas une attitude évidente, car nous avons l'habitude de toujours penser d'abord au résultat de nos actes, aux récompenses et aux bénéfices que nous pouvons en tirer. L'Ayurvéda affirme que le *Karma yoga* est un moyen très sûr de se débarrasser des tensions intérieures qui contribuent à déséquilibrer nos énergies et, par là même, à faire le lit de la maladie. À l'inverse, l'égoïsme nous pousse à nous replier sur nous-mêmes, à ne rien donner, à tout garder, ce qui incite nos organismes à stocker plus que de raison (toxines, excès de poids, kystes...). Ainsi nos attitudes et nos comportements peuvent-ils contribuer à nous protéger contre toutes sortes de maux physiques.

Une fois par jour (ou si cela s'avère trop compliqué, une fois par semaine), il est conseillé de consacrer un peu de son temps à une activité désintéressée. Et en dehors de cela, il faut essayer de se contenter de la suprême récompense pour chacun de nos actes : la satisfaction du travail bien fait.

À CHAQUE ÂGE DE LA VIE SON ÉQUILIBRE

Au cours de nos existences, nous traversons plusieurs périodes qui correspondent à notre évolution. Chacune subit à sa manière l'influence de l'énergie vitale qui nous anime. Pour vivre selon les préceptes de l'Ayurvéda et protéger sa santé, il convient de respecter ce programme de vie. Quatre étapes s'en dégagent :

Brahmacharya ashram : cette première période couvre l'enfance, l'adolescence et le début de l'âge adulte. Elle peut se poursuivre jusqu'à vingt-cinq ans, parfois moins. Elle doit être consacrée à l'étude, à l'apprentissage, afin de nous préparer à l'action. Il ne s'agit pas seulement d'étudier pour préparer sa vie professionnelle, mais aussi de s'intéresser aux disciplines humaines qui feront de nous des êtres accomplis.

Grahastha ashram : dans cette deuxième période, notre objectif change. Il s'agit maintenant de s'assumer en tant qu'adulte. L'heure est venue de trouver son autonomie, de travailler, de gagner sa vie, mais aussi de vivre sa sexualité, de se marier et d'avoir des enfants… C'est l'âge de la responsabilité au sein de la société.

Vana prastha ashram : passé cinquante ans, on peut se préparer à se mettre en marge de la vie active. Au lieu d'accumuler les biens, on commence à distribuer ce que l'on a gagné au cours de la période précédente pour aider les autres, à commencer par ses propres enfants. La vie intérieure prend une place plus importante.

Sanyastha ashram : voilà venu ce que nous appelons en Occident le quatrième âge. L'âge de l'apprentissage est terminé, du moins en ce qui concerne le monde extérieur. L'âge de l'action et de la procréation aussi. Il est temps de se tourner vers son monde intérieur, de développer sa spiritualité et de partir à la recherche de son âme.

Plus nous suivrons ce schéma, plus nous aurons de facilité à cultiver l'harmonie intérieure, autant physique que psychique, émotionnelle et spirituelle.

À CHAQUE HEURE DE LA JOURNÉE SON ÉQUILIBRE

De la même manière, l'énergie de nos Dosha suit un rythme quotidien, immuable, qui influence leur équilibre et leurs déséquilibres. Quels que soient notre constitution et nos éventuels troubles, il faut prendre en compte ce rythme, faute de quoi les déséquilibres s'aggravent.

L'aube : l'énergie de *Kapha* est la plus forte. En témoignent les signes physiques qui se manifestent au début de notre journée (toux matinale, éternuements, gorge encombrée, poitrine enflammée…). Il faut donc penser à éliminer rapidement les matières superflues venant de cet excès de *Kapha*, qui se sont accumulées pendant la nuit.

Le matin : l'énergie de *Vata* prend le relais. Plus légère, plus mobile, elle nous incite à nous oxygéner et à nous mettre en mouvement.

La journée : l'énergie de *Pitta* fait suite à celle de *Vata*. L'influence de Feu nous donne envie de manger et d'agir… C'est une période propice au travail sous toutes ses formes.

Le soir : Vata revient en fin de journée, nous apportant la légèreté nécessaire après une journée de labeur. C'est le moment de se promener dans la nature pour bénéficier du contact avec les éléments, de s'adonner à une activité créatrice, de rencontrer ses amis et sa famille…

Le coucher : Kapha se manifeste à nouveau et nous pousse au repos. Jusqu'au lendemain matin !

Les gestes quotidiens qui font une bonne journée ayurvédique suivent ce rythme. Le but est d'adopter, le plus tôt possible, de bonnes habitudes régulières. L'Ayurvéda parle de « routine » *(Dincharya)* pour exprimer à quel point ces gestes peuvent s'intégrer à notre vie, tant et si bien que nous n'y pensons plus et les accomplissons aussi naturellement que nous nous réveillons lorsque nous avons assez dormi ou que nous allons aux toilettes lorsque nous ressentons l'envie d'uriner.

L'HEURE DU COUCHER

Le réveil est très important en Ayurvéda. Mais pour se réveiller dans de bonnes conditions, encore faut-il avoir bien dormi. Un bon réveil se prépare dès la veille au soir.

La qualité du sommeil est primordiale, autant pour le corps que pour l'esprit. Dormir beaucoup n'est pas forcément un gage de qualité. Chacun aura ses propres besoins dans ce domaine et ils évoluent avec l'âge. Les bébés dorment jusqu'à vingt heures par jour, puis le besoin de sommeil diminue progressivement. À l'âge adulte, huit heures de sommeil (en moyenne) suffisent. Puis la durée des nuits décroît encore pour se limiter à cinq ou six heures à partir de cinquante ans. Dans tous les cas, c'est l'énergie de *Kapha* qui nous pousse à dormir. Lorsque nous sommes fatigués, *Kapha* prend le dessus et nous incite à nous reposer pour récupérer.

Le sommeil assure cette récupération physique, psychique et énergétique. Pendant que nous dormons, les Dhatu se nourrissent et se régénèrent. Le sommeil que nous prenons avant minuit est le plus réparateur. L'Ayurvéda dit que « chaque heure de sommeil prise avant minuit compte pour deux ». C'est pourquoi il est conseillé de se coucher de bonne heure et de se lever très tôt, un peu avant le lever du soleil.

La tradition ayurvédique estime que l'absence totale de sommeil conduit à la mort. La science occidentale est d'accord avec cette affirmation. Mais l'Ayurvéda en donne une explication originale : l'insomnie augmente l'influence de *Vata* ; cet excès dessèche le corps, affaiblit le mental et perturbe la respiration. Si le sommeil ne venait pas réguler ce déséquilibre, c'est lui qui conduirait au décès. Lorsque le sommeil est perturbé, il est donc conseillé de réduire l'influence de *Vata* par tous les moyens : alimentation, plante, activités diurnes…

Le sommeil est également l'écrin de nos rêves. L'Ayurvéda les prend en compte et les utilise dans le cadre du diagnostic. Les rêves sont censés représenter la partie cachée de nous-mêmes, celle à laquelle nous n'avons pas accès consciemment. Une conception qui n'est pas très éloignée de ce que la science sait de notre vie onirique. Certains rêves sont perturbants et fatigants, alors que d'autres sont agréables et régénérants. Pour favoriser ces derniers, il faut bien se préparer avant de se coucher :

– On ne dort bien que dans un environnement calme et agréable à l'œil. La chambre ne doit pas être trop encombrée (meubles, objets, bibelots...), mais dégager une atmosphère de sérénité.

– Le lit ne doit être ni trop dur ni trop mou, la tête orientée à l'est ou au sud.

– Pendant la journée, un exercice physique modéré a assuré une bonne oxygénation et une bonne circulation sanguine. Lorsque l'heure du coucher arrive, le corps est donc prêt.

– Le repas du soir a été léger, afin de ne pas trop solliciter l'organisme pendant le sommeil (la digestion est très lente lorsque l'on dort). Il a eu lieu de préférence à la tombée de la nuit.

– Pour s'endormir dans des conditions optimales, il est conseillé de faire quelques exercices de relaxation : allongé, les yeux fermés, la respiration calme, on essaie de se promener mentalement dans les différentes parties du corps, en commençant par la tête et en allant vers les extrémités, pour détendre un à un les muscles et les organes. Puis on s'étire, on respire profondément, on bâille volontairement (c'est une pratique du yoga) et l'on est fin prêt pour les ablutions nocturnes.

– Celles-ci consistent en un nettoyage des pieds, des mains et du visage[1]. Puis on revêt ses vêtements de nuit, on fait éventuellement une petite méditation vespérale, et l'on est enfin prêt à se coucher. La nuit qui suivra aura ainsi toutes les chances d'être sereine et réparatrice.

---

1. Voir les détails de ces ablutions p. 98, 100, 103.

L'HEURE DU RÉVEIL NATUREL

Lorsque la nuit s'est déroulée dans de bonnes conditions, le réveil n'est pas difficile, même s'il est précoce. Si l'on ne se réveille pas avec enthousiasme et énergie, c'est que le sommeil n'a pas été suffisamment réparateur. Le plus souvent, ce n'est pas une question de quantité, mais de qualité.

Même si le réveil est difficile, il vaut mieux ne pas céder à la tentation de rester au lit. Le réveil signe une baisse de *Kapha* et une augmentation de *Vata* puis de *Pitta*. Lorsqu'on reste au lit à sommeiller, *Kapha* garde le dessus et nous entraîne dans un rythme énergétique contre nature. Car à cette heure de la matinée, la nature s'éveille, les oiseaux chantent, la lumière du jour nous pousse à sortir du sommeil.

L'aube est un moment particulièrement important, très chargé sur le plan énergétique. Pour profiter pleinement de cette énergie, il faut apprendre à bien se réveiller.

– L'heure la plus favorable pour se lever est « l'heure de Brahma ». Elle se situe juste avant le lever du soleil. L'énergie de *Vata* rend l'esprit clair et léger. On pourra alors, après les ablutions et l'élimination matinales, consacrer un peu de temps à l'étude ou à la méditation qui s'avèrent particulièrement bénéfiques à ce moment de la journée.

– L'idéal est de se réveiller en douceur, sans bruit, pas même la sonnerie d'un réveil. Lorsqu'on reprend conscience, il faut garder les yeux fermés, sans bouger, pendant quelques minutes afin de laisser au corps physique le temps de s'éveiller lui aussi. Cette immobilité favorise le souvenir des rêves.

– Puis on commence à bouger lentement, on étire bras et jambes, on respire profondément, on bâille volontairement et enfin, on se lève.

L'HEURE DE *USHAH PAN*

Une fois sorti du lit, il faut démarrer la journée par des purifications. D'abord, poser son premier regard sur quelque chose de beau, de clair, blanc de préférence : des fleurs blanches parfumées, par exemple. Ensuite, on regarde les paumes de ses mains et on observe son visage dans un miroir. L'Ayurvéda conseille de ne pas regarder, pendant les premières minutes de la journée, les éléments – objets ou personnes – susceptibles de nous déranger ou de nous contrarier.

Ensuite, on se rince le visage à l'eau fraîche, ainsi que la bouche et la langue. Puis on avale au moins 75 centilitres d'eau cuivrée. Pour la préparer, il suffit de placer, la veille au soir, de l'eau dans un récipient en cuivre *(Ushah Pan)*. L'eau repose ainsi toute la nuit, à température ambiante. Au matin, elle s'est chargée en ions de cuivre qui ont de nombreuses vertus. Cette eau cuivrée atténue les problèmes liés aux excès des trois Dosha. Elle retarde le vieillissement, aide à combattre l'obésité, soulage la constipation, la fièvre, les problèmes oculaires… Globalement, elle renforce l'équilibre et prévient les déséquilibres.

Enfin, on peut faire *Neti :* cette pratique, issue du yoga, consiste à aspirer par le nez un peu d'eau salée, et de la recracher sans qu'elle atteigne les sinus.

L'HEURE DE L'ÉLIMINATION MATINALE

Dès que l'on a terminé ces premières ablutions, l'urgence est de procéder à l'élimination matinale. C'est une manière de se débarrasser des restes de l'énergie nocturnes et d'entrer, propre et serein, dans la journée qui s'annonce. La première chose à faire est donc d'aller aux toilettes. Normalement, l'élimination de l'urine et des selles doit se faire sans effort. Si ce n'est pas le cas, c'est qu'un déséquilibre perturbe le fonctionnement rénal et intestinal. L'Ayurvéda affirme que « lorsque l'urine, les selles et la sueur sont éliminées normalement, la santé s'améliore, la joie et la longévité s'en trouvent accrues ».

Pour faciliter l'élimination intestinale, l'Ayurvéda conseille de s'asseoir tranquillement sur les toilettes et d'essayer de se détendre, physiquement et psychologiquement, d'arrêter le flot de pensées et de relâcher les tensions dans le ventre et le bas-ventre. Si cela ne s'avère pas suffisant, il faut boire deux verres d'eau tiède avant d'aller aux toilettes, puis faire quelques mouvements qui sollicitent les muscles abdominaux et ceux du bassin : flexions du buste vers le sol, torsion du buste...

À toute heure de la journée, il est déconseillé de se retenir d'aller aux toilettes. Tout particulièrement le matin, propice à ce type d'élimination naturelle.

L'HEURE DE *GANDOUCH*

Une fois les déchets corporels éliminés, l'Ayurvéda conseille de faire *Gandouch*. Il s'agit d'une très vieille pratique, qui harmonise, tonifie et assainit. Prenez dans votre bouche une cuillerée à soupe d'huile de sésame à température ambiante, puis conservez-la pendant au moins un quart d'heure en la faisant tourner dans la cavité buccale. Si vous n'avez pas d'huile de sésame, vous pouvez la remplacer par de l'huile de tournesol. Au bout d'un quart d'heure, recrachez l'huile puis rincez-vous soigneusement la bouche à l'eau claire.

Le fait de garder ainsi l'huile dans la bouche produit un massage de toute la cavité buccale : joues, muscles des mâchoires, gencives, intérieur des lèvres, langue... Ce massage permet d'entretenir la mobilité des os qui forment la boîte crânienne. L'Ayurvéda affirme que *Gandouch* embellit, illumine le visage, assainit les lèvres et les gencives, renforce les dents, stimule l'énergie vitale dans tout le corps. Si l'on en croit les textes anciens, même la parole en est purifiée.

L'HEURE DU GRAND NETTOYAGE

Après *Gandouch*, on peut commencer à se nettoyer le visage.

– On commence par se laver les dents. L'Ayurvéda conseille d'utiliser pour cela la tige d'une plante *(Banya, Neem) :* on la mâchonne jusqu'à ce que les fibres de l'extrémité se séparent, formant une petite brosse. C'est le suc de la plante qui fait office de dentifrice. Aujourd'hui, on utilise une brosse à dents et une pâte dentifrice. Celle-ci ne doit être ni douce ni astringente, car seules les autres saveurs sont capables d'accélérer l'élimination des toxines buccales.

– Ensuite, on se gratte la langue afin de la débarrasser de l'enduit qui la recouvre. On peut le faire avec un gratte-langue ou avec le revers de certaines brosses à dents, spécialement prévus à cet effet. On termine avec quelques gargarismes d'eau à peine salée. Puis, tout au long de la journée (et particulièrement après les repas), l'Ayurvéda conseille de mâcher des feuilles de bétel. Il s'agit d'une espèce de poivrier grimpant, dont les feuilles ont des vertus astringentes, antiseptiques et digestives. Les Indiens utilisent le plus souvent des feuilles de bétel fourrées d'un mélange de clous de girofle, gingembre, anis, noix muscade, pétales de rose... Cela permet à la fois d'assainir la bouche, de purifier l'haleine et de stimuler la digestion.

– On peut alors se rincer les yeux, soit avec de l'eau fraîche, soit avec une eau de bleuet ou une lotion oculaire, puis se rincer entièrement le visage à l'eau claire. L'Ayurvéda conseille ensuite de mettre dans chaque œil une petite goutte de miel fluide. Les larmes ainsi provoquées éliminent l'excès de *Kapha* et le regard s'éclaircit.

– Enfin, la toilette du visage se termine par le nez : on y verse une goutte d'huile ou de beurre clarifié *(ghee)*. Cette pratique est censée éliminer tous les excès qui s'accumulent dans la zone de la tête, prévenant ainsi le rhume, les migraines, les pertes de mémoire ou le blanchissement prématuré des cheveux.

L'heure de l'exercice physique

Avant de passer à la toilette du corps, il est conseillé de se livrer à quelques exercices physiques. Mais attention : pour l'Ayurvéda, il n'est pas question de se forcer, de contraindre le corps à des efforts soutenus ni de torturer muscles et articulations. Il convient d'interrompre l'exercice dès que l'on ressent de la fatigue, de la soif, dès que l'on commence à transpirer, de manière à conserver suffisamment d'énergie pour le reste de la journée.

Le but de ce type d'exercice est de développer harmonieusement le corps, de favoriser une bonne circulation des différentes énergies et de stimuler en douceur les fonctions vitales. L'exercice augmente le « feu digestif », ce qui permet de bien assimiler la nourriture, de faire fondre l'excès graisseux et d'assurer une bonne endurance à l'effort.

L'heure de l'automassage

L'idéal, pour clore cette parenthèse d'exercice physique, est de s'accorder un automassage (sauf en cas de constipation, car le massage est alors déconseillé). Les massages constituent une branche importante de l'Ayurvéda[1], au point

1. Voir le paragraphe consacré aux massages p. 79.

qu'il est conseillé de recevoir un massage chaque jour. Ces automassages permettent, en alternance avec des massages plus longs et plus spécifiques, de s'assurer un bon entretien physique et psychique.

Abhyanga convient parfaitement à cet usage. Ce massage global[1] peut être effectué soit par un professionnel, soit par un proche, soit par soi-même. On peut le pratiquer à l'huile de sésame, car elle est bien équilibrée et agit sur les trois Dosha. En automassage, il est difficile, voire impossible, de masser certaines zones du corps (notamment le dos). Il faut alors se concentrer sur la tête, le visage, les mains, les jambes...

Si vous êtes pressé : versez un peu d'huile de moutarde dans le creux de votre paume gauche, puis trempez-y votre annulaire droit et dessinez douze petits cercles autour de votre nombril, dans le sens des aiguilles d'une montre afin de tonifier ce centre énergétique. Ensuite, posez une goutte de la même huile à la racine de chaque ongle et faites pénétrer. Enfin, versez une goutte d'huile de moutarde dans les orifices du visage (narines et oreilles), au sommet de la tête, entre les sourcils, dans le creux que forment les clavicules à la base du cou, sur le plexus solaire, dans le nombril, à la racine du pubis, dans le bas du dos (sacrum) et sur toutes les articulations. Terminez en versant quelques gouttes sur chaque épaule.

Si vous avez davantage de temps : vous pouvez alors procéder à un véritable automassage à l'huile de sésame. Faites légèrement tiédir un peu d'huile soit au bain-marie, soit en la plaçant près d'une source de chaleur (radiateur, rebord de

---

1. *Idem.*

fenêtre au soleil...). Puis asseyez-vous et commencez par masser votre cheville droite, votre pied et votre plante de pied. Passez vos doigts entre les orteils et étirez-les un à un. Massez ensuite la jambe jusqu'au genou et continuez à monter jusqu'à l'aine. Procédez de la même manière avec la jambe gauche. Massez votre bras droit en commençant par la main, les doigts, la paume, le poignet, l'avant-bras, le coude, le bras et l'épaule. Procédez de même avec le bras gauche. Massez ensuite le ventre, en tournant dans le sens des aiguilles d'une montre, et remontez sur la poitrine jusqu'aux épaules. Massez soigneusement les épaules, en insistant sur le haut du dos. Terminez par la nuque, le cou, la tête et le visage.

Le but de ces massages est d'établir un dialogue entre vos mains et votre corps. Concentrez-vous davantage sur vos sensations et vos perceptions que sur les gestes en eux-mêmes. N'essayez pas de devenir un technicien du massage, mais plutôt d'entrer en contact avec ce qu'il y a de plus profond en vous.

L'HEURE DE LA DOUCHE

L'heure est venue de passer à la toilette du corps. Comme pour le massage, vous pouvez opter pour la version courte ou pour la version longue :

Si vous n'êtes pas pressé : prenez le temps de faire *Udvartana*[1]. Ce massage effectué à sec (à la farine de pois chiche, à l'argile, ou même à la farine de blé) élimine l'excès de *Kapha*. Ce massage conviendra à tout le monde, car *Kapha* est l'énergie prédominante le matin lorsqu'on se réveille, ça

1. Voir la description détaillée d'*Udvartana*, p. 86.

l'est plus encore pour ceux qui souffrent d'un excès constitutionnel de *Kapha*. Vous pouvez ensuite prendre votre douche.

Si vous êtes pressé : lorsque votre temps est compté, sautez l'étape *Udvartana* et rendez-vous directement à la case « douche ». L'Ayurvéda ne considère pas la douche sous le seul angle de l'hygiène. C'est « un don de bonheur ». Non seulement le fait de laisser couler l'eau tiède (jamais trop chaude) sur le corps contribue à le nettoyer et à éliminer les toxines, mais l'énergie de l'Eau apporte une purification supplémentaire. La douche est censée augmenter la longévité et améliorer la puissance physique et sexuelle. Les cinq sens sont également purifiés. L'élément Feu est stimulé à l'intérieur du corps, ce qui accélère la circulation sanguine et favorise le tonus physique et psychique. La température de la douche ne doit rien au hasard. Il ne faut pas prendre une douche trop chaude lorsqu'il fait chaud à l'extérieur, car cela risquerait d'augmenter les problèmes liés à un excès de *Pitta*. De la même manière, il faut éviter de prendre une douche trop fraîche lorsqu'il fait froid, car cela risquerait d'augmenter les problèmes liés à un excès de *Vata* et de *Kapha*. Une seule exception à cette règle : il ne faut pas faire couler d'eau chaude sur la tête et le visage, mais préférer une eau fraîche quelle que soit la saison.

L'HEURE DU YOGA

Bien qu'étant plus ancien que l'Ayurvéda, le yoga fait partie des règles d'hygiène de vie quotidienne. Il existe de nombreuses formes de yoga, du plus physique au plus spirituel. C'est le *Hatha yoga* que les Indiens intègrent à leur vie quotidienne lorsqu'ils veulent vivre selon les principes de l'Ayurvéda. Ce yoga est le plus connu et le plus pratiqué en Occident. Il consiste en des séries de postures, statiques ou en mouvement, séparées par des plages de repos et de relaxation. La respiration qui accompagne les postures est très importante. Le but de ce yoga est d'équilibrer les énergies des trois Dosha et d'harmoniser le corps et l'esprit.

Voici quelques règles générales relatives à la pratique du *Hatha yoga :*

– Si vous pratiquez chez vous, choisissez un endroit calme et bien aéré. Optez pour une tenue suffisamment ample pour ne pas gêner les mouvements, en fibres naturelles de préférence (coton, lin...).

– Il faut rester à l'écoute de son corps, et ne jamais forcer ni sur les muscles ni sur les articulations. Une posture doit toujours rester agréable et confortable.

– Il vaut mieux mettre fin à une posture dès qu'elle devient pénible ou douloureuse.

– Il faut respirer par le nez, et non par la bouche, et adopter une respiration calme et régulière.

– Toutes les séances, quelle que soit leur durée, doivent commencer par une courte plage de détente physique et mentale (respiration lente et profonde, relaxation corporelle).

– Entre les postures, observer de petites plages de détente.

– Les séances se terminent toujours par une relaxation : on s'allonge, on respire profondément, puis on détend un à un les muscles en partant des pieds vers la tête et des mains vers la poitrine. Puis on bouge les doigts et les orteils, et enfin on ouvre les yeux.

Voici quelques postures de base, faciles à réaliser, qui peuvent faire partie d'un programme quotidien.

La salutation au soleil : cette posture augmente le tonus physique et psychique. Elle améliore la digestion et stimule

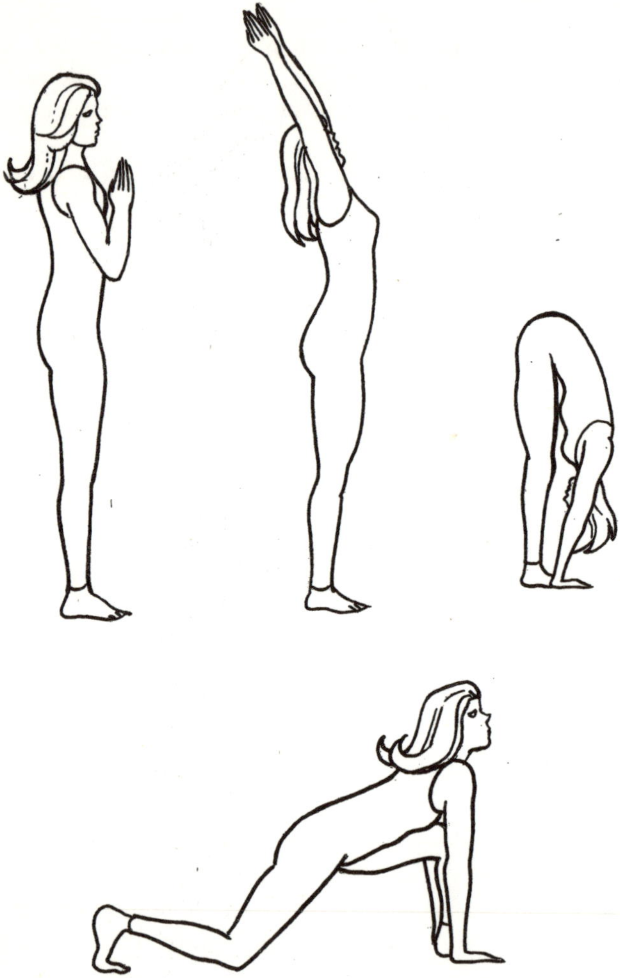

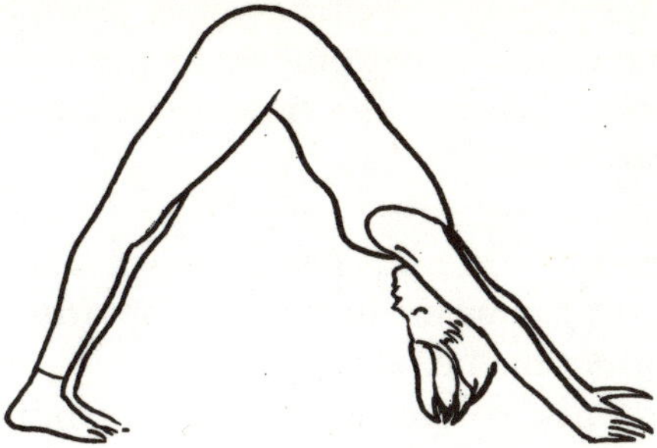

le système hormonal. Cet enchaînement doit être pratiqué le matin, de manière à désencombrer les canaux d'énergie pour mieux absorber l'énergie qui nous vient du soleil. *(Voir dessins pages précédentes.)*

– Mettez-vous debout, pieds joints, les mains jointes paume contre paume au niveau de la poitrine. Expirez lentement et profondément.

– Puis inspirez et levez les bras, bien tendus au-dessus de votre tête en étirant légèrement le buste vers l'arrière.

– Expirez en vous penchant vers l'avant pour essayer de poser vos mains au sol de chaque côté de vos pieds, tout en gardant les jambes bien tendues.

– Allongez votre jambe gauche vers l'arrière en pliant le genou droit et en inspirant. Étirez bien votre buste en montant votre menton vers le ciel.

– En expirant, ramenez votre jambe droite à côté de la gauche, puis soulevez vos fessiers et baissez la tête de manière que votre corps forme un V renversé (posture de la montagne).

– En inspirant, posez vos genoux sur le sol et faites glisser votre buste vers l'avant entre vos deux mains, coudes pliés. Levez la tête jusqu'à ce que votre buste soit relevé, la tête étirée vers l'arrière (posture du cobra).

– Reprenez la posture de la montagne en soulevant les fessiers et en baissant la tête, puis ramenez votre pied gauche entre vos deux mains et étirez votre buste en levant votre menton vers le ciel.

– Enfin, tendez à nouveau les jambes en ramenant votre tête le plus près possible des genoux, puis relevez votre buste et ramenez vos mains jointes devant la poitrine de manière à vous retrouver dans la position du début.

La torsion assise : posture qui atténue les douleurs lombaires et renforce la musculature du dos. Elle stimule les organes dans la région abdominale, améliorant la digestion et le transit intestinal.

– Asseyez-vous sur le sol, les deux jambes tendues.

– Pliez votre jambe gauche en posant le genou sur le sol dans le prolongement de la hanche, et en ramenant le pied contre la fesse droite.

– Puis pliez la jambe droite en posant le pied juste derrière le genou gauche, et placez votre main droite sur le sol, bien à plat derrière le dos.

– Faites pivoter votre buste vers la droite de manière à passer votre coude gauche derrière le genou droit. Prenez soin de garder le buste bien droit et tenez cette posture pendant quelques minutes, le temps d'inspirer et d'expirer lentement et profondément une douzaine de fois.

– Puis faites la même chose de l'autre côté.

Le poisson : cette posture détend le cou, la nuque et les épaules. Elle tonifie la paroi abdominale. Elle permet d'ouvrir la cage thoracique, ce qui améliore la respiration.

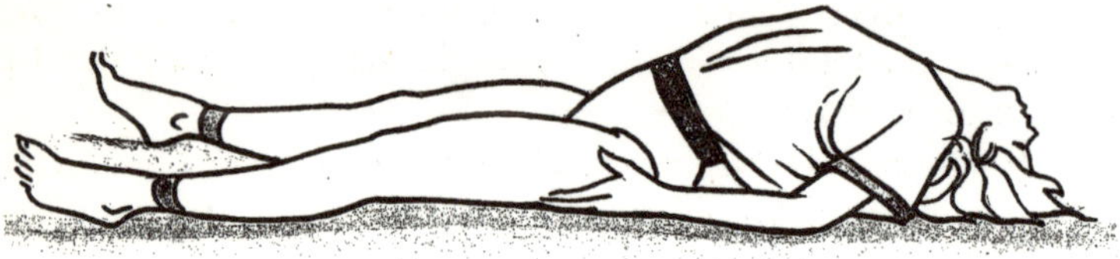

– Allongez-vous sur le dos les bras le long du corps.

– En inspirant, cambrez votre dos et posez vos avant-bras sur le sol. Renversez la tête en arrière jusqu'à ce que le sommet du crâne repose par terre.

– Tenez cette posture quelques minutes, le temps d'inspirer et d'expirer calmement et profondément une douzaine de fois.

L'arc : cette posture stimule les organes digestifs et assouplit la colonne vertébrale. Elle est revitalisante et tonifiante.

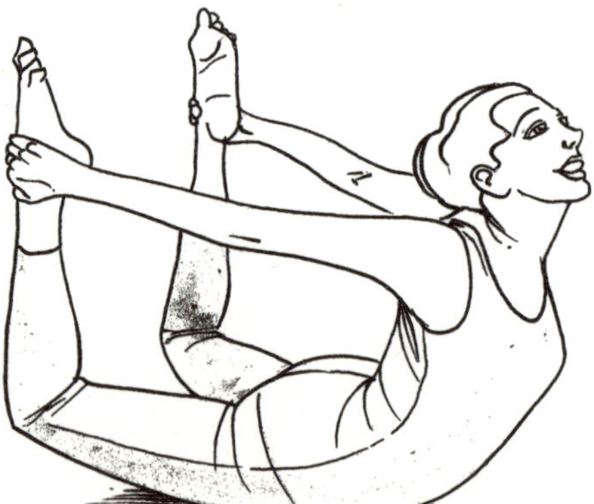

– Allongez-vous sur le ventre et ramenez vos talons sur vos fesses en tendant bien les pointes des pieds.

– Saisissez vos chevilles avec vos mains.

– En inspirant, tirez sur vos chevilles de manière à soulever votre corps. Vous reposez uniquement sur le bassin, votre tête est tendue vers le haut, à la hauteur de vos pieds, le menton levé vers le ciel.

– Maintenez la posture en respirant pendant quelques minutes, en inspirant et en expirant calmement et profondément une douzaine de fois.

L'arbre : cette posture renforce la capacité de concentration et d'équilibre. Elle aide à réunifier les énergies physiques et mentales.

– Mettez-vous debout, jambes serrées, pieds bien posés à plat sur le sol. Vous avez les yeux ouverts et vous regardez droit devant vous, sans pour autant fixer un point précis.

– Placez le poids du corps sur votre jambe gauche, puis levez la jambe droite et faites glisser votre pied droit le long de la jambe gauche jusqu'à ce qu'il soit posé en haut de la cuisse.

– Tout en maintenant l'équilibre, inspirez en tendant vos bras au-dessus de votre tête, puis expirez en les ramenant paume contre paume au niveau de la poitrine.

– Conservez cette posture aussi longtemps que possible en respirant calmement et profondément.

L'HEURE DU SOUFFLE

Si vous n'avez pas le temps de pratiquer le *Hatha yoga* le matin, prenez au moins celui de respirer profondément. En sanskrit, la science de la respiration se nomme *Pranayama*. Les exercices respiratoires constituent une branche importante de l'Ayurvéda.

Voici quelques exercices de base, que l'on peut exécuter facilement pour peu que l'on soit dans un endroit assez calme pour se concentrer.

La respiration abdominale : allongez-vous sur le dos et pliez les genoux à 90 degrés. Posez une main sur votre ventre, au niveau du nombril. Puis inspirez en sentant votre ventre qui se gonfle sous l'effet de l'air. Ne forcez pas ce gonflement, contentez-vous de le sentir sous votre main. Puis soufflez et sentez votre ventre qui s'abaisse en se vidant. Faites cet exercice une vingtaine de fois, en vous concentrant sur vos sensations internes.

La respiration forcée : on l'appelle aussi *kapalabhati*, un terme qui signifie « front qui brille ». Cette respiration rapide ventile les poumons et fait monter le sang dans le haut du corps. Elle « masse » les organes internes, tonifie les muscles abdominaux, dégage les voies respiratoires et améliore la digestion. Asseyez-vous confortablement, le dos bien droit. Expulsez violemment l'air par le nez en rentrant le ventre, puis laissez l'inspiration se faire naturellement. Reproduisez cette respiration forcée une vingtaine de fois, à un rythme soutenu, en vous contractant à l'expiration et en vous relâchant à l'inspiration.

La respiration alternée : on peut pratiquer cette respiration assis, debout ou couché sur le côté. Elle est très relaxante. Comme elle désencombre les canaux d'énergie, elle harmonise également la circulation énergétique, ce qui lui donne aussi un effet tonifiant. Tenez-vous bien droit, puis posez votre index et votre majeur droits entre vos sourcils de manière que votre pouce soit prêt à se poser sur une narine, et votre annulaire sur l'autre. Bouchez votre narine droite et inspirez par la gauche. Puis bouchez la narine gauche et expirez par la droite. En maintenant la narine gauche bouchée, inspirez par la droite, puis bouchez la narine droite et expirez par la gauche. Et ainsi de suite… Effectuez une douzaine de cycles respiratoires complets.

L'HEURE DU REPAS

Vous avez bien commencé votre journée. Vous voilà prêt à prendre votre petit déjeuner. Si le choix des aliments dépend de nombreux facteurs, à commencer par votre constitution[1],

1. Voir les paragraphes consacrés à l'alimentation, p. 67-73.

certaines règles sont valables pour tous. Elles concernent la manière dont doivent se dérouler les principaux repas.

D'abord, il faut essayer de respecter son appétit et de ne manger que lorsqu'on a vraiment faim. L'Ayurvéda explique qu'après un repas, un tiers de l'estomac doit être rempli d'aliments solides, un tiers d'eau, et le dernier tiers d'air, indispensable pour que la digestion puisse se dérouler dans de bonnes conditions. Lorsqu'on ne mange pas suffisamment, il reste trop d'air dans l'estomac et l'énergie de *Vata* a tendance à augmenter. À l'inverse, si l'on absorbe de trop grandes quantités de nourriture, les trois Dosha s'en trouvent déséquilibrés.

Il est également conseillé d'attendre, pour prendre son petit déjeuner, d'avoir fait un peu d'exercice physique, de s'être douché et habillé. Ce temps est nécessaire pour que l'estomac puisse se préparer à accueillir la nourriture. Pendant la douche, le ruissellement de l'eau sur le corps déclenche un mouvement énergétique vers l'intérieur qui réveille le « feu digestif ».

Dans l'idéal, il vaut mieux ne pas manger avant le lever du soleil, ni après qu'il s'est couché, car son énergie est indispensable à la digestion. L'Ayurvéda conseille de prendre seulement deux repas par jour, et non trois ou quatre comme nous le faisons en Occident. Ces repas ne doivent pas traîner en longueur. En Inde, tous les plats sont posés sur la table afin que chacun puisse manger ce qui lui convient le mieux, après avoir pris le temps de bien regarder et sentir tous les mets. Les plats cuisinés doivent être mangés chauds, et toujours accommodés d'huile ou de *ghee*.

L'eau, dont la consommation est recommandée, ne doit pas être absorbée pendant les repas, à l'exception d'un petit verre à la toute fin si l'on a soif. Il vaut mieux boire en dehors des repas, en quantité raisonnable afin de ne pas surcharger les reins et la vessie.

Les Indiens ne mangent pas à heures fixes, mais suivent plutôt leur horloge biologique. Cette habitude permet de rester en contact avec la véritable faim physiologique, trop souvent occultée par les envies inutiles.

L'Ayurvéda recommande de commencer les repas par les aliments sucrés, ce qui est contraire à nos habitudes ! Mais les aliments de saveur sucrée préparent le corps à la digestion, alors que consommés en fin de repas, ils seront plus difficiles à digérer. Il faut ensuite consommer les plats acides et salés, et conserver les mets piquants pour la fin du repas. Cela dit, en Inde, les repas courants ne comportent pas de dessert, ces plats étant réservés aux repas de fête.

Bien sûr, il est bon que les repas se déroulent dans une atmosphère agréable et détendue, sans agressivité ni nervosité. Lorsqu'ils ont fini de manger, les Indiens croquent du *Mukhavas*, un mélange de graines et de plantes qui facilite la digestion et purifie l'haleine. On y trouve, entre autres, des graines d'anis, de courge, de sésame, associées à de la réglisse ou de la confiture de pétales de roses. Les boissons chaudes, comme le thé, le café ou les tisanes, ne doivent pas être consommées en fin de repas mais au moins une demiheure à une heure plus tard.

Lorsque le repas est terminé, on peut sortir de table. Mais il faut éviter de se mettre au travail, de faire du sport, de regarder la télévision ou d'engager une conversation pendant une vingtaine de minutes. L'Ayurvéda conseille de marcher un peu (une centaine de pas). La sieste est également préconisée, mais il vaut mieux se coucher sur le côté gauche pour faciliter la digestion. Elle ne doit pas excéder une vingtaine de minutes.

7
L'AYURVÉDA CHEZ VOUS

Le petit voyage au pays de l'Ayurvéda que nous venons de vous proposer n'est qu'un survol. Il permet d'entrevoir la richesse de cette discipline qui, plus qu'une médecine, s'avère être bel et bien un art de vivre en harmonie avec soi-même et avec le monde qui nous entoure. Le diagnostic ayurvédique répond à une logique totalement différente de celle de notre médecine occidentale. Pourtant, souvent, ces deux chemins distincts aboutissent au même endroit, même si les traitements ayurvédiques sont plus complexes et plus subtils que les nôtres.

Seul un médecin formé à cette pratique pourrait déceler, avec certitude, à la fois votre constitution et les déséquilibres énergétiques responsables de vos symptômes. Les conseils que nous donnons ici ne remplacent donc en aucun cas une consultation médicale. Mais ils sont susceptibles, s'ils correspondent au type de déséquilibre dont vous souffrez, de vous soulager, voire d'empêcher la maladie de s'enraciner dans votre organisme.

Si vous les mettez en pratique et que vous n'obtenez pas le résultat escompté, n'en concluez pas que la médecine ayurvédique est inefficace. Cela signifie simplement que vous avez besoin d'une consultation plus poussée, auprès d'un médecin vraiment formé à l'Ayurvéda qui saura déterminer, avec précision, la source de vos troubles et les traitements capables de les soulager.

Voici maintenant des traitements types correspondant à certaines maladies courantes et sans caractère de gravité. Nous vous indiquons quelques traitements traditionnels, qu'il est difficile, voire impossible, de se procurer ici, et surtout des gestes adaptés à notre vie quotidienne. À vous d'agir…

L'ACIDITÉ GASTRIQUE

L'acidité gastrique n'est pas, en soi, une pathologie au regard de la médecine occidentale. Pendant la digestion, l'estomac est le lieu où les aliments rencontrent des substances acides, notamment l'acide chlorhydrique qui participe à leur dégradation. Il arrive que le degré d'acidité du milieu stomacal devienne trop important, ce qui provoque des douleurs, des sensations de brûlure, voire des remontées acides dans le tube digestif.

L'acidité gastrique et la médecine ayurvédique

Pour l'Ayurvéda, ce problème est lié à un excès de l'énergie de *Pitta*, et à une faiblesse dans l'énergie de *Kapha*. Les conseils viseront donc à diminuer *Pitta* et à augmenter *Kapha*.

À éviter

- Il vaut mieux s'abstenir de manger des aliments piquants, acides et salés, ainsi que des produits fermentés. Cela revient à éviter les oignons, le piment, le poivre, le yaourt, la moutarde, les fritures, la farine blanche, les fromages, le café, l'alcool, le tabac, le pain blanc et la levure.
- Il faut aussi éviter l'excès de chaleur, par exemple les longues expositions au soleil, ainsi que les boissons ou les plats trop chauds.

– Sur le plan relationnel, il faut éviter le contact avec les personnes ou les situations susceptibles de provoquer de la colère ou de la nervosité. Entourez-vous de personnes calmes, aimables, avec qui vous vous sentez détendu.
– Évitez aussi, autant que possible, les situations qui vous causent beaucoup de souci.

Conseils

– Vous pouvez mettre au menu du chou (cru en salade, ou cuit), ainsi que de la soupe au chou ou du jus de chou frais en petites quantités mais plusieurs fois par jour et mélangé avec du jus de carottes.
– Mangez aussi des aliments qui éteignent le feu de *Pitta*, comme les carottes, le concombre, la betterave, la grenade...
– Le blé contribue à atténuer le feu dans l'estomac. Mangez des aliments à base de blé (pâtes, pain...) de préférence complet, ainsi que du riz rouge et du soja.
– Buvez du jus de raisin (non fermenté), du lait de coco nature, ou du lait assaisonné d'eau de rose et de miel.
– Assaisonnez vos plats avec du cumin et de la coriandre. Le cumin est particulièrement efficace. Vous pouvez le prendre comme un médicament, à raison d'une cuillerée de graines écrasées mélangées à une cuillerée à café de sucre (deux fois par jour jusqu'à la disparition des symptômes).
– Privilégiez les aliments de saveur amère, astringente et douce, et consommez de manière raisonnable les aliments sucrés (miel, dattes, bananes, raisins secs).
– Une fois par jour, buvez un verre de ce mélange, que vous aurez fait macérer dans un récipient en terre cuite pendant la nuit, de préférence exposé aux rayons de la

lune : du jus de raisin additionné de sucre candi et de graines d'anis écrasées.

– Le lait est bénéfique, car il renforce l'énergie de *Kapha*. Si possible, préférez le lait de chèvre.

– Pour lutter contre la nervosité et les contrariétés qui augmentent l'énergie de *Pitta*, pratiquez quotidiennement le yoga et la méditation. Essayez aussi de vous coucher de bonne heure.

– Les remèdes ayurvédiques couramment conseillés : *Virechan* (purge), *thandai*, *Triphala*, *nasotar* (plante qui élimine les excès de bile), *panchakshar*, *isabgol (Psyllium husk)*, *avipattikar churna* (poudre qui élimine l'excès d'acidité), *amla*, *shankha bashma* (cendre de coquillages), *shatavari*.

– Lorsque l'acidité gastrique est importante au point de provoquer un ulcère, l'Ayurvéda conseille de ne boire que du lait de chèvre pendant quelques jours, en petites gorgées, plusieurs fois par jour.

– Dans ce cas, le médicament naturel conseillé est plutôt *shatavari churna*.

– On peut aussi faire une cure d'argile verte pendant six semaines : mettre une cuillerée à café dans un verre d'eau, laisser reposer la nuit et boire l'eau (sans le dépôt) le matin au réveil.

L'ACNÉ

Ces éruptions cutanées accompagnées de phénomènes infectieux et inflammatoires concernent surtout les adolescents (acné juvénile ou vulgaire). Il existe aussi d'autres formes d'acné touchant les adultes. Les boutons apparaissent surtout sur le visage, les épaules et le dos. L'acné est liée à la fois à des problèmes hormonaux, à des difficultés digestives et à l'accumulation d'*Ama* (toxines).

L'acné et la médecine ayurvédique

L'Ayurvéda considère l'acné comme une manifestation d'un déséquilibre de *Pitta* et *Kapha*, les deux Dosha étant en excès. Le sang (le liquide vital et l'énergie qui lui est attachée) est également atteint.

À éviter

– Les produits laitiers (surtout les fromages) doivent être consommés avec beaucoup de modération, voire rigoureusement limités dans les cas sérieux.
– Il faut aussi diminuer, voire stopper, la consommation de viande, ainsi que les aliments industrialisés contenant des additifs chimiques, des colorants, des conservateurs...
– Évitez les produits raffinés (farine blanche, pain blanc, sucre blanc, sel blanc...), tout particulièrement les sucreries et pâtisseries industrielles.
– Essayez de régulariser votre rythme de vie, notamment votre sommeil et les heures des repas. L'expérience montre que les poussées d'acné s'atténuent dès qu'on régularise le sommeil (heure de coucher et de lever).
– Évitez de vous mettre en colère et limitez au maximum les situations qui vous contrarient, car la colère et la nervosité accentuent l'inflammation.
– Évitez d'utiliser des produits cosmétiques chimiques (produits de beauté, savons, déodorants qui contiennent des composants allergisants).

Conseils

– Organisez vos repas autour d'aliments frais, notamment des légumes, des fruits, des céréales non raffinées.
– Vous pouvez également consommer du miel.

– Pensez à aromatiser vos plats avec du cumin, de la coriandre, de l'anis, du curcuma. N'hésitez pas à leur ajouter aussi des herbes fraîches (persil, ciboulette...).
– Efforcez-vous de boire beaucoup de liquide (en évitant les excitants comme le thé ou le café) de préférence en dehors des repas tels que jus de légumes, jus de fruits frais, bouillon de légumes, eau argileuse, eau cuivrée.
– Si vous souffrez d'une acné sérieuse, pratiquez *Virechan* et *Vaman*. La première est une purge à l'huile de ricin ou au *Triphala* ; la seconde consiste à provoquer des vomissements volontaires[1].
– Les soins locaux sont également très efficaces. Chaque jour, matin et soir, faites bouillir un bol d'eau avec des tranches de citron, ou des feuilles de *neem*, et mettez votre visage au-dessus de la vapeur qui s'en dégage jusqu'à ce que l'eau tiédisse.
– Puis posez sur votre peau un masque préparé avec de la poudre d'argile très fine ou de la poudre de santal, additionnée d'eau tiède de manière à former une pâte. Vous pouvez aussi remplacer ces poudres par un mélange de yaourt, jus de citron, curcuma et farine de pois chiche. Conservez le masque pendant au moins vingt minutes, puis rincez à l'eau de rose.
– Pour les masques ou soins du visage, utilisez les produits les plus naturels, fruits et légumes de préférence (biologiques), ainsi que le fenouil en poudre et certaines épices.

Les aphtes

Ces petites lésions de la bouche n'ont aucun caractère de gravité, mais elles sont désagréables, parfois même très dou-

1. Voir le détail de ces pratiques dans le paragraphe consacré aux cures ayurvédiques, p. 88.

loureuses. Jaunes ou grises, elles logent sur la muqueuse qui tapisse la cavité buccale (ou, beaucoup plus rarement, sur la muqueuse génitale). Elles ont généralement une origine virale. Elles sont aussi la manifestation d'une carence vitaminique (surtout vitamine C et vitamines du groupe B).

Les aphtes et la médecine ayurvédique

L'Ayurvéda attribue l'apparition des aphtes à un excès de l'énergie de *Pitta*. Ils sont le signe d'un début d'envahissement de l'organisme par l'énergie du Feu, au détriment des autres éléments.

À éviter

- Avant tout, abstenez-vous de consommer des aliments de saveur piquante, susceptibles d'augmenter encore l'énergie de *Pitta* dans votre organisme.
- Ne mangez pas trop chaud et limitez la consommation de sel, d'épices, de fromage, d'alcool et de café.
- Diminuez un peu les quantités de nourriture que vous prenez au cours des repas afin d'alléger la digestion et de mettre votre organisme au repos.

Conseils

- Faites *Gandouch*[1] au moins une fois par jour : prenez dans la bouche une cuillerée d'huile de sésame, de lait de vache ou de lait de chèvre et conservez-la pendant quinze à vingt minutes, en la faisant tourner de manière qu'elle baigne bien toutes les muqueuses.
- Puis frottez l'intérieur de votre bouche avec de la poudre d'alun afin de bien éliminer toutes les toxines qui s'y trouvent, et rincez-vous soigneusement à l'eau claire.

---

1. Voir la description précise de ce soin, p. 99.

- En ce qui concerne la nourriture, privilégiez les saveurs amère, astringente et, dans une moindre mesure, sucrée.
- Vous pouvez notamment manger des asperges et du riz au lait *(doudhpak)*.
- Certaines épices vous sont bénéfiques, notamment la cardamome, la coriandre, la réglisse, les clous de girofle, le curcuma, ainsi que la confiture de pétales de roses.
- Mettez du miel sur les aphtes (le miel a un pouvoir cicatrisant).

LES BALLONNEMENTS

Ce gonflement anormal de la cavité abdominale, gênant et parfois carrément douloureux, est provoqué par une accumulation de gaz de fermentation soit dans la zone de l'estomac, soit dans la zone intestinale. Le plus souvent, il s'agit simplement d'un signe de digestion ralentie ou difficile. Cependant, ce symptôme banal est parfois le révélateur d'un trouble plus sérieux (début d'occlusion par exemple).

Les ballonnements et la médecine ayurvédique

Ils sont provoqués par un excès de l'énergie de *Vata* dans l'organisme. Plus précisément, c'est le sous-Dosha *Apana Vata* qui s'accumule, freinant l'évacuation des déchets et des gaz abdominaux.

À éviter

- Avant toute chose, il faut s'abstenir de consommer des plats trop lourds (viande, préparations en sauce, plats trop gras…).
- Évitez aussi de consommer des plats préparés la veille, car ils sont énergétiquement déséquilibrés. De la même

manière, ne mangez pas d'aliments qui sortent directement du réfrigérateur, car le froid augmente *Vata*. Laissez-leur d'abord le temps de revenir à la température ambiante.

- Si vous devez absolument consommer un reste de la veille ou si vous n'avez pas le temps de le laisser réchauffer, équilibrez l'excès de *Vata* en y ajoutant des épices échauffantes, notamment de la moutarde, du thym, du cumin…
- Évitez de prendre vos repas dans une atmosphère tendue ou de beaucoup discuter pendant que vous mangez.
- Enfin, abstenez-vous de consommer des légumineuses (lentilles, haricots…) jusqu'à la disparition des symptômes.

Conseils

- Mangez lentement en mâchant bien et sans parler.
- Efforcez-vous de manger peu. Si vous le supportez, vous pouvez même entamer un jeûne sur une courte période (quelques jours).
- Entre les repas, buvez de l'eau chaude régulièrement, en petite quantité.
- Avant les repas, mangez une tranche de gingembre frais, assaisonné de jus de citron et de sel.
- Assaisonnez les aliments avec des épices qui augmentent les énergies de *Pitta* et *Kapha*. Notamment la moutarde, le cumin, le fenugrec, la cannelle, la cardamome… Pensez aussi à consommer de l'ail.
- Commencez chaque journée en avalant le mélange suivant : une cuillerée à soupe de miel à laquelle vous aurez rajouté une demi-cuillerée à café de cannelle en poudre, une demi-cuillerée à café de gingembre moulu et une demi-cuillerée à café de cardamome.
- Buvez du lassi au cumin.

– Pendant les crises, préparez un cataplasme avec de la poudre d'argile et de l'eau tiède, puis étalez-le sur la zone touchée (sur l'estomac, autour du nombril ou sur le bas-ventre).
– Pratiquez des exercices physiques sans trop forcer mais de manière très régulière.
– Les massages du ventre sont également efficaces pour soulager les crises.

Les brûlures

C'est une lésion plus ou moins profonde des tissus, provoquée le plus souvent par une source de chaleur, parfois par des agents chimiques (liquides corrosifs) ou électriques. Les soins à apporter dépendent de la gravité de l'atteinte. On classe couramment les brûlures par degré : les brûlures bénignes et localisées sont dites « au premier degré » ; lorsque les lésions sont plus profondes et plus étendues (de 15 à 60 % du corps), on parle de brûlures « au deuxième degré » ; celles du « troisième degré » sont très graves.

Seules les brûlures au premier degré peuvent être soignées en automédication. Les brûlures des deuxième et troisième degrés demandent à être prises en charge par un médecin, voire un service hospitalier, car le risque d'infection généralisée est important.

Les brûlures et la médecine ayurvédique

Puisqu'il s'agit toujours d'un accident, l'apparition des brûlures n'a rien à voir avec un déséquilibre dans les Dosha. Cependant, la brûlure en elle-même provoque une augmentation de *Pitta*.

À éviter

- Il convient surtout de ne pas consommer d'aliments dont l'énergie augmente *Pitta* dans l'organisme. Abstenez-vous donc totalement d'aliments de saveur piquante.
- Pendant la phase de cicatrisation, aidez votre organisme à lutter contre cette agression cutanée en évitant les excès alimentaires (plats gras ou très sucrés, fritures, aliments acides, aliments industrialisés...).

Conseils

- Appliquez du *ghee* ancien ou du *ghee* rincé à l'eau claire onze fois.
- Mangez de la noix de coco : sa saveur et sa nature énergétique contribuent à chasser l'excès de feu.
- Vous pouvez aussi étaler de la noix de coco râpée sur la brûlure si celle-ci n'est pas trop importante.
- En règle générale, on traite les brûlures très légères (sans cloque ni altération de la peau) avec des cataplasmes de poudre d'argile. Si la peau est légèrement altérée (cloques), il vaut mieux étaler sur la blessure du gel d'*Aloe vera* (cicatrisant), du jus de réglisse et de l'huile de bois de santal.
- Si les cloques se sont ouvertes et que la peau est déchirée, il vaut mieux consulter afin de mesurer la gravité de la brûlure et de prendre les mesures de désinfection et de protection adaptées.

L'EXCÈS DE CHOLESTÉROL

Le cholestérol n'est pas, en soi, un ennemi. Au contraire : il nous est indispensable et sans lui, nous ne pourrions pas vivre. Les problèmes viennent de l'excès de cholestérol dans le sang, lequel peut finir par provoquer des caillots qui bouchent les artères. Le cholestérol est une substance grasse (lipide complexe) fabriquée par l'organisme (notamment le foie) à partir des graisses alimentaires. Le cholestérol que contiennent les aliments n'intervient que pour une petite part dans le processus.

Le cholestérol circule dans le sang, accroché à des lipoprotéines qui le conduisent jusqu'aux cellules afin qu'elles puissent l'utiliser (notamment pour la construction de leurs parois). Puis le cholestérol qui n'a pas été utilisé est à nouveau transporté dans le sang, accroché à d'autres lipoprotéines qui l'amènent jusqu'aux organes chargés d'évacuer les déchets organiques. C'est cette dernière forme que l'on appelle « bon cholestérol », alors que la première est qualifiée de « mauvais cholestérol ». C'est surtout l'excès de « mauvais cholestérol » qui est préjudiciable à la santé.

L'excès de cholestérol et la médecine ayurvédique

L'Ayurvéda considère l'excès de cholestérol comme un excès de l'énergie de *Ama* (aliments mal digérés, toxines). Ce Dosha est fait du mélange de l'énergie de l'Eau et de la Terre. C'est donc une énergie lourde et collante, qui encombre l'organisme et ralentit l'évacuation naturelle des déchets.

À éviter

- Il convient surtout d'éviter les aliments lourds, difficiles à digérer, qui accentuent encore la prédominance de *Kapha* dans l'organisme.
- Veillez à limiter la consommation de viande, de produits laitiers (fromages, beurre…), de produits raffinés (farine blanche, sucre blanc), les pâtisseries, confiseries

et viennoiseries (surtout industrielles), le chocolat, l'alcool (y compris le vin).
– Évitez aussi de manger des fruits secs (noix de cajou, pistaches et cacahuètes).

Conseils

– Essayez la méthode des onze pois chiches. C'est un remède classique dans la culture ayurvédique. Faites germer des pois chiches et consommez chaque jour onze pois germés, pendant soixante-trois jours.
– L'ail est un excellent aliment pour lutter contre l'excès de cholestérol.
– Pensez aussi aux épices pour diminuer l'influence de *Ama :* curcuma, cumin, moutarde, cannelle, clou de girofle, poivre, cardamome…
– Essayez par tous les moyens d'accentuer l'élimination par la sueur : sauna, hammam, exercice physique soutenu (marches régulières, etc.).
– Sur le plan physique, l'excès de cholestérol est le signe que l'organisme a du mal à se défaire de ce qui ne lui est plus utile. Sur le plan mental, c'est la même chose : on est dans la rétention, on a peur de perdre, on refuse de lâcher. C'est le moment ou jamais de pratiquer le lâcher-prise et d'apprendre à ne plus rester accroché à ses comportements, ses habitudes, ses relations… Il faut essayer d'accepter les changements.
– Si vous y arrivez, faites *Pancha karma*[1], chez vous ou dans un centre qui organise des cures ayurvédiques.
– Chaque matin, buvez de l'eau cuivrée[2].

---

1. Voir l'explication concernant cette pratique, p. 88.
2. Voir les explications sur la manière de préparer cette eau, p. 98.

La conjonctivite

C'est une inflammation de la conjonctive, cette muqueuse qui tapisse l'intérieur des paupières. Elle peut être due soit à un agent infectieux, soit à une réaction allergique, soit à une irritation locale. Les yeux sont brûlants, rouges, un écoulement plus ou moins liquide se forme. On se réveille le matin avec les paupières collées et l'impression désagréable d'avoir du sable dans les yeux.

La conjonctivite et la médecine ayurvédique

Cette affection oculaire est due à un excès de *Kapha* et de *Pitta*. L'énergie de *Vata* est donc insuffisante. Les soins visent à réduire les Dosha en excès et à augmenter celui qui s'avère insuffisant.

À éviter

- Autant que possible, évitez de séjourner en pleine chaleur et, surtout, de marcher tête nue au soleil. Évitez également de marcher pieds nus sur un sol trop froid ou trop chaud.
- Abstenez-vous de toute sieste diurne, réservez votre sommeil pour la nuit.
- N'abusez pas des aliments lourds et difficiles à digérer (fritures, aliments gras et sucrés, aliments industrialisés et raffinés…).

Conseils

- Faites régulièrement pratiquer le massage *Kansu*®[1] (massage de la plante des pieds avec un bol composé d'un

1. Voir p. 84.

alliage de cinq métaux et du *ghee*). Ce massage réduit et équilibre l'énergie de *Pitta*. À la maison, vous pouvez aussi vous masser la plante des pieds avec du *ghee*.

- Mangez du raisin, des grenades, des amandes… Et buvez du jus de carotte aromatisé avec des graines d'anis, du curcuma et du sucre candi.
- La consommation d'eau cuivrée est également recommandée[1].
- Voici une recette traditionnelle très efficace : parsemez la surface d'un citron de morceaux de racine de curcuma (de la même manière que l'on pique une orange de clous de girofle) et laissez sécher. Lorsque le citron est bien sec, réduisez-le en poudre et avalez une cuillerée à café chaque matin, mélangée à de l'eau.
- Matin et soir, posez sur vos yeux une rondelle de concombre ou une demi-banane (coupée dans le sens de la longueur). Laissez reposer une dizaine de minutes. Puis rincez vos yeux à l'eau de rose et versez dans chaque œil une ou deux gouttes de jus de feuilles de coriandre fraîche.
- Nettoyez les yeux avec une tisane de fenouil et de *Triphala*.
- Appliquez de l'argile verte sur un coton mouillé et posez-le délicatement sur les yeux.

La constipation

Cette affection, qui se caractérise par un ralentissement, voire une interruption du transit, est très répandue dans les sociétés occidentales. C'est sans doute à cause de notre vie plus sédentaire et de notre alimentation trop raffinée qui élimine une grande partie des fibres indispensables, pour que

1. Voir comment préparer l'eau cuivrée, p. 98.

les selles ne soient pas trop dures ni trop difficiles à expulser. Certaines constipations ont des origines mécaniques ou nerveuses (obstruction du côlon, lésions médullaires, interruption du transit due à une intervention chirurgicale…). Cependant, dans l'immense majorité des cas, la constipation est d'origine fonctionnelle. Une rééducation de l'hygiène de vie permet d'en venir à bout. Il vaut mieux limiter l'usage des médicaments laxatifs, qui sont irritants et ne peuvent constituer une solution à long terme.

La constipation et la médecine ayurvédique

Pour l'Ayurvéda, ce trouble relève d'un déséquilibre de l'énergie de *Vata*, plus particulièrement d'un excès du sous-Dosha *Apana Vata*, l'énergie qui régule l'évacuation des déchets. Les « feux » sont trop faibles *(Agni)*, notamment le « feu digestif ». Les selles sont viciées, ce qui se répercute rapidement sur toute la nourriture que l'on absorbe. En effet, chez une personne constipée, dès qu'un aliment pénètre à l'intérieur du corps, il commence à « pourrir » et ne peut pas être correctement digéré et assimilé. C'est ce processus qui constitue l'*Ama* (toxines).

À éviter

- Évitez toute nourriture qui sort directement du réfrigérateur, car elle augmenterait l'énergie de *Vata* dans votre organisme.
- Éliminez tous les aliments raffinés, les fritures, les plats riches et lourds, les sauces. Limitez également votre consommation de laitages.
- Évitez de voyager ou de dérégler votre rythme de vie. Les changements et les ruptures de rythme amplifient le problème.

Conseils

- En ce qui concerne l'alimentation, privilégiez les crudités, les légumes et les fruits frais, particulièrement la salade verte, les épinards, les papayes, les prunes, les figues, le raisin… Préférez les céréales complètes, qui sont beaucoup plus riches en fibres.
- Une fois par semaine, prévoyez une journée de diète légère (uniquement des fruits et légumes en petites quantités) ou un jeûne (uniquement de l'eau, des tisanes et éventuellement du bouillon de légumes). Si cela vous semble trop difficile à tenir, prévoyez une journée par semaine où vous mangerez seulement du riz complet.
- Augmentez votre consommation de liquides (eau, tisanes, potage, bouillon, jus de fruits frais…), car l'eau est essentielle pour donner à vos selles le volume et la souplesse indispensables à leur expulsion.
- Le matin au réveil, prenez un verre d'eau additionnée d'un jus de citron, ou deux verres d'eau cuivrée.
- Le soir, avant de vous coucher, buvez un verre de lait chaud additionné d'une cuillerée à soupe de *ghee*, de *Triphala*, de rhubarbe ou de graines de lin.
- De temps en temps, dans les cas de blocage complet, buvez une décoction de gingembre additionnée d'huile de ricin.
- Prenez une fois par jour une douche tiède sur le ventre, en alternance avec des bains de siège froids.
- Faites de l'exercice (marche à pied) afin de stimuler vos muscles abdominaux. La pratique du yoga est également très efficace.
- Une fois par semaine, pratiquez une méthode de sudation[1] (sauna, hammam) suivie d'un massage d'abord du ventre, puis du corps tout entier.

---

1. Voir les explications sur les méthodes de sudation, p. 88.

Les coups de froid

C'est un trouble classique des changements de saison. Le « coup de froid » est une infection légère, logeant généralement dans les voies aériennes supérieures (rhinite, laryngite, bronchite...). L'adaptation de l'organisme aux changements brutaux de température et d'humidité demande un surcroît d'énergie, qui est parfois mobilisé au détriment des défenses immunitaires. L'organisme se défend alors moins bien contre les microbes et laisse pénétrer un petit germe, lequel provoque des symptômes (nez qui coule, petite toux, frissons, légère fièvre...). Le froid n'est donc pas directement responsable des troubles, mais seulement de la dépression immunitaire passagère qui a laissé la place à l'agression virale ou microbienne.

Les coups de froid et la médecine ayurvédique

La médecine traditionnelle indienne attribue ces coups de froid à un excès de *Vata*, et dans une moindre mesure de *Kapha*. Les gestes vont donc consister à augmenter *Pitta*, afin de rétablir l'équilibre.

À éviter

- Faites très attention à ne pas rester dans un courant d'air.
- Attention à ne pas garder la tête mouillée après la douche ou le shampoing : veillez à vous sécher rapidement les cheveux afin de ne pas garder la tête mouillée.
- Ne buvez pas de boissons froides, et abstenez-vous de consommer de la nourriture qui ne soit pas fraîche ou des plats préparés depuis la veille.
- Évitez surtout de consommer des bananes, des laitages, des noix de cajou, des sucreries car ces aliments augmentent la fraîcheur à l'intérieur du corps.

Conseils

- Le gingembre est un aliment de saveur piquante et d'énergie chaude, capable de réchauffer l'organisme et de chasser l'excès de fraîcheur. Consommez-le râpé, dans les plats cuisinés.
- Buvez, deux ou trois fois par jour, du jus de gingembre assaisonné de poivre, de miel et d'un peu d'eau tiède.
- La racine de gingembre séchée en poudre peut aussi être utilisée pour masser la plante des pieds et la paume des mains. C'est un geste qui permet de réchauffer rapidement même les mains et les pieds gelés des personnes ayant séjourné trop longtemps dans la neige.
- Pour augmenter *Pitta* et diminuer *Vata* et *Kapha*, faites-vous aussi masser avec de l'huile de moutarde ou de l'huile légèrement chauffée (sésame, amande douce…).

Les coups de soleil

Lorsqu'on s'expose trop longtemps au soleil, sans protection (ou avec une protection insuffisante), la peau devient rouge, brûlante, sensible, douloureuse, parfois couverte de cloques. C'est le classique coup de soleil. Ces réactions ressemblent à celles d'une brûlure. C'est normal : le coup de soleil est une vraie brûlure, produite par le contact des rayons solaires sur la peau (à la fois les rayons ultraviolets et infrarouges). Les lésions cutanées s'accompagnent parfois d'un malaise dû au « coup de chaleur » : maux de tête, vertiges, agitation…

Les coups de soleil et la médecine ayurvédique

Les brûlures, comme les sensations désagréables qui les accompagnent, provoquent une augmentation de l'énergie de *Pitta* dans l'organisme. Il faut donc atténuer cette énergie et augmenter celle de *Vata* et de *Kapha* afin de rétablir l'équilibre rompu entre les Dosha.

À éviter

- Avant tout, évitez absolument de vous exposer au soleil. Cela semble évident, et pourtant nombreux sont ceux qui se remettent au soleil même lorsque leur épiderme souffre déjà d'un excès de rayonnements !
- Fuyez comme la peste les atmosphères tendues, les contrariétés ou les situations conflictuelles. La colère et la nervosité renforcent *Pitta*, qu'il faut justement affaiblir.
- N'absorbez pas de boissons chaudes et évitez les atmosphères brûlantes (sauna, hammam…).

Conseils

- Demandez à votre entourage de tisser autour de vous une atmosphère calme et sereine, aimante et tendre.
- Si vous en avez la possibilité, allongez-vous le soir, à l'extérieur, et exposez-vous au clair de lune. Son énergie s'oppose à celle du soleil emmagasinée dans votre peau abîmée.
- Les fleurs de jasmin possèdent un fort pouvoir apaisant. Portez-en sur vous (dans les cheveux par exemple) pour respirer leur parfum.
- Prenez des bains dans de l'eau fraîche (mais pas trop froide) dans laquelle vous aurez fait macérer des pétales de rose adoucissants.
- En ce qui concerne l'alimentation, mangez du raisin qui introduit de la fraîcheur dans le corps. Vous pouvez aussi consommer du yaourt battu *(lassi)*, du jus de fenouil, du jus de raisin, du jus de citron sucré avec de la mélasse ou du jus de noix de coco.

– Sur les zones particulièrement douloureuses (mais sans cloques), posez une fois par jour un cataplasme préparé avec de la poudre d'argile fine et de l'eau. Laissez-le en place pendant au moins une demi-heure puis rincez à l'eau claire.
– Vous pouvez aussi poser sur votre peau des rondelles de tomates fraîches, afin d'apaiser le feu du soleil.
– Vous pouvez également faire un cataplasme avec du gel d'*Aloe vera* mélangé à du curcuma.

Les dents jaunes

L'émail dentaire est une matière très dure, faite à 95 % de substances minérales. Il protège l'ivoire qui constitue la matière principale de la dent, et qui recouvre la chambre pulpaire où se niche le nerf. Nous possédons tous une couleur d'émail particulière, qui oscille entre le blanc, le jaune pâle et le gris. Certaines personnes voient leurs dents jaunir à cause de divers facteurs : usage exagéré du tabac, prise d'antibiotiques, accumulation de tartre... Une bonne hygiène dentaire ne suffit pas toujours pour enrayer ce processus.

Les dents jaunes et la médecine ayurvédique

L'Ayurvéda attribue le jaunissement exagéré des dents à un déséquilibre dans l'énergie de *Pitta* et de *Kapha*. Les soins visent non seulement à améliorer l'hygiène buccale, mais aussi à rétablir l'harmonie énergétique.

À éviter

– Évitez de consommer des aliments très froids ou très chauds.
– Limitez votre consommation de viande et de laitages.

– Ne faites pas détartrer vos dents trop souvent par le dentiste (pas plus d'une fois par an), car ce type de traitement finit par les affaiblir.
– Et, bien sûr, abstenez-vous de fumer et limitez votre consommation d'alcool.
– N'utilisez pas de brosse à dents dure, cela abîme l'émail des dents.

Conseils

– Brossez-vous régulièrement les dents avec une jeune tige venant d'un arbre dont la saveur est soit amère, soit piquante, soit astringente. L'acacia fait très bien l'affaire. Mâchez la branche jusqu'à ce que les fibres se détachent et forment une petite brosse à son extrémité, puis frottez vos dents avec ce pinceau improvisé.
– Massez régulièrement vos gencives et vos dents avec une huile additionnée de gros sel.
– Vous pouvez également vous rincer chaque jour la bouche avec un mélange de miel liquide, de vinaigre et de camphre, ou du jus de citron additionné de bicarbonate de sodium.
– Le matin, faites *Gandouch*[1] avec de l'huile de sésame additionnée de sel et de camphre. Puis utilisez un gratte-langue pour la débarrasser de l'enduit qui la recouvre, afin que votre milieu buccal reste parfaitement sain.
– Enfin, consommez du gel d'aloès *(Aloe vera)*, qui possède la propriété de faire baisser l'énergie de *Pitta*.
– En ce qui concerne l'alimentation, privilégiez les crudités et les fruits frais, notamment ceux qui contiennent de la vitamine C (kiwi, agrumes, persil, amla, pamplemousse).

---

1. Voir la description précise de ce soin, p. 99.

La déprime

Ce trouble de l'humeur est banal. Tout le monde, un jour ou l'autre, se retrouve dans cet état de tristesse et de désintérêt, à la suite d'une difficulté de vie (rupture, problème dans le travail, difficultés relationnelles avec les amis ou la famille...). Et même, parfois, sans raison apparente. Contrairement à la dépression[1], il s'agit d'une altération naturelle de l'humeur, qui ne doit pas être muselée, comme la médecine occidentale le fait trop souvent, à coup de médicaments psychotropes. La déprime exprime notre réaction émotionnelle à des changements, des deuils symboliques ou réels... Mais ce n'est pas une raison pour ne rien faire et laisser la déprime s'installer. Il faut essayer de l'accompagner en douceur, afin qu'elle remplisse sa fonction de régulation psycho-émotionnelle, sans que ses conséquences se fassent trop durables ni trop douloureuses.

La déprime et la médecine ayurvédique

Pour l'Ayurvéda, la déprime est un trouble psychosomatique qui, depuis l'esprit, se diffuse dans le corps physique. Les énergies touchées sont celles de *Tamas* et de *Rajas*, qui augmentent et deviennent prédominantes, déséquilibrant à leur tour l'énergie de *Vata*. Pour accompagner la déprime et en soulager les effets, il faut donc agir en même temps au niveau du corps et de l'esprit.

À éviter

- Sur le plan alimentaire, il faut surtout s'abstenir de consommer une nourriture trop riche et trop lourde. Il

1. Voir le paragraphe consacré à cette maladie, p. 141.

vaut mieux ne pas essayer de compenser les effets de la déprime en trouvant du plaisir dans la nourriture.
– D'une manière générale, il faut éviter tous les excès : alimentaires, relationnels, comportementaux.

Conseils

– Essayez d'adopter une alimentation saine et simple, sans chercher à ce qu'elle vous comble sur le plan émotionnel. Pensez plutôt au bien que les aliments font à votre corps.
– Une fois par semaine, faites une journée de monodiète au cours de laquelle vous consommez uniquement une sorte de fruit ou de légume (cru et sans assaisonnement). Le reste du temps, privilégiez les aliments qui atténuent l'énergie de *Vata*, notamment ceux de saveur acide.
– Comme remontant, consommez de l'ail légèrement grillé mélangé à du *ghee*.
– Ayez recours aux plantes : *brahmi* et *shankhpushpi*.
– Faites-vous régulièrement masser. *Shirodhara*[1], notamment, est très efficace dans ce type de situation, ainsi que *Kansu*®, le massage de la plante des pieds avec un bol en métal[2].
– La pratique régulière du yoga et du *Pranayama* (exercices respiratoires) est un très bon remède contre la déprime.
– Essayez de vous rapprocher de la nature : allez vous promener dans la campagne, dans la forêt ou au bord de la mer. Si vous en avez la possibilité, baignez-vous dans une eau naturelle : mer, rivière, torrent… Ce contact est excellent pour les personnes déprimées.
– Allez visiter des lieux saints (églises, temples…), et côtoyez, si possible, des personnes qui ont une vie spirituelle élevée.

---

1. Voir la description de ce massage, p. 85.
2. Voir la description de ce massage, p. 84.

– En plus de ces gestes quotidiens, essayez de connaître l'origine de votre déprime. Interrogez-vous, tenez un journal dans lequel vous noterez tout ce que vous éprouvez, confiez-vous à un(e) ami(e) proche. Si cela s'avère insuffisant et que la déprime résiste, n'hésitez pas à consulter un psychothérapeute. La déprime est souvent associée à une forme d'égocentrisme qu'il faut parvenir à dissoudre, afin que le regard ne soit plus uniquement braqué sur soi et ses problèmes, mais embrasse aussi le monde qui nous entoure.

La dépression

Contrairement à la déprime, qui est un trouble naturel de l'humeur, la dépression est une véritable maladie et demande à être prise en charge comme telle. La majeure partie des dépressions sont dites « réactionnelles », car elles apparaissent en réaction à un stress intense, un deuil, un événement particulièrement douloureux. Mais il existe également des dépressions sans lien avec la vie des personnes atteintes. Elles sont alors dites « essentielles » ou « endogènes ». Dans un cas comme dans l'autre, cet état de tristesse permanent, accompagné d'un désintérêt profond pour l'existence, relève d'un déséquilibre dans la chimie cérébrale, les neurotransmetteurs responsables du plaisir et de la joie de vivre n'étant plus suffisamment sécrétés.

La dépression et la médecine ayurvédique

Pour l'Ayurvéda, la dépression peut être due à un déséquilibre dans l'un des trois Dosha, que l'on détermine en observant les symptômes dont souffre le patient :

– Lorsque la personne se montre très anxieuse, c'est *Vata* qui est déséquilibré.

– Lorsque la personne est anormalement peureuse, effrayée par la moindre bricole au point de perdre tous ses moyens, c'est *Pitta* qui est déséquilibré.

– Lorsque la personne est très fatiguée, au point de se mettre en retrait de toute activité, c'est *Kapha* qui est déséquilibré.

À éviter

– Évitez de consommer de la nourriture qui augmente le Dosha déséquilibré[1].
– Abstenez-vous de toute nourriture en conserve ou surgelée qui augmente *Tamas*. Mangez uniquement des aliments frais et fraîchement préparés (la consommation des restes n'est pas indiquée).
– Ne consommez ni drogue, ni tabac, ni alcool.

Conseils

– Les massages peuvent vous faire beaucoup de bien. Essayez notamment le massage global et holistique *(Abhyanga)*, le massage de la plante des pieds avec un bol en métal *(Kansu®)* ou le massage de la tête *(Shirotchampi)*[2].
– La pratique de *Shirodhara*[3] (qui consiste à faire couler un filet d'huile chaude sur le front) peut améliorer rapidement votre humeur si vous ne souffrez pas d'un trop grand affaiblissement de *Vata*.
– Efforcez-vous de stimuler vos sens par des moyens qui, d'ordinaire, vous sont agréables et vous calment (et ce, même si la dépression a émoussé votre capacité à éprouver du plaisir). Posez votre regard sur de vastes horizons

---

1. Voir les aliments qui déséquilibrent les Dosha, p. 70.
2. Voir la description détaillée de ces massages, p. 84-85.
3. Voir la description détaillée de ce soin, p. 85.

(bord de mer, rivière, vaste plaine...). Écoutez de la musique apaisante. Récitez des mantras ou, si cela vous est trop pénible, écoutez-en.

- Efforcez-vous également de fréquenter des personnes dont la vie intérieure est riche et qui ont une évolution spirituelle plus élevée que la vôtre.
- Le yoga sous toutes ses formes peut vous être bénéfique *(Bhakti yoga, Karma yoga, Hatha yoga, Pranayama).* Vous pouvez notamment pratiquer le *Yoga Nidra* (yoga de relaxation) auprès d'un maître qui saura utiliser la pensée positive pour vous faire voyager en douceur dans votre monde intérieur, à la recherche de la source de votre bien-être.
- En ce qui concerne l'alimentation, privilégiez la nourriture qui renforce l'énergie mentale *Sattva*, notamment les graines germées.
- Voici un remède antidépression que certains médecins ayurvédiques appliquent à leurs patients. Il peut sembler étrange, voire choquant pour les Occidentaux. Le but est de provoquer, de manière transitoire, un malaise physique dénué de tout danger, afin que la personne se détache de la souffrance morale à l'origine de la dépression. L'Ayurvéda préconise notamment de donner une cuillerée à soupe d'huile de ricin. Ce produit, fortement purgatif, provoque des troubles digestifs (nausées, diarrhées...), lesquels agissent à deux niveaux : psychiquement, ils focalisent l'attention du patient ; physiquement, ils nettoient son organisme en profondeur.
- Certains médicaments ayurvédiques sont spécifiquement adaptés au traitement de la dépression. Citons par exemple *ashwgandha*, *shatavari*, *brahmi*. Les tisanes de *tulsi* sont également efficaces.

LES DIARRHÉES

Les diarrhées constituent un trouble du transit. Elles se manifestent par une évacuation très rapide de selles liquides, parfois accompagnées de douleurs abdominales intenses. Elles ont diverses origines : virales, microbiennes, alimentaires, nerveuses... Elles peuvent également être le signe annonciateur d'une pathologie plus grave (diverticulose, entérite, rectocolite...). C'est pourquoi, lorsqu'une diarrhée dure plus de quelques jours, il faut consulter afin d'en déterminer l'origine avec précision.

Les diarrhées et la médecine ayurvédique

Selon l'Ayurvéda, les diarrhées peuvent être dues à un affaiblissement de *Vata*, ou à une perturbation dans le mouvement de cette énergie. Le plus souvent, ces déséquilibres sont consécutifs à une augmentation de l'énergie de *Pitta*.

À éviter

- Au niveau alimentaire, abstenez-vous avant tout de consommer du blé, quelle que soit sa forme : pâtes, pain, farine... Supprimez également la farine de pois chiche et limitez votre consommation de lait.
- Évitez les plats lourds et difficiles à digérer (sauces, fritures...).

Conseils

- Le riz bien cuit fait partie des aliments conseillés en cas de diarrhée, ainsi que le soja et la soupe de carotte. Assaisonnez vos plats avec du thym indien et de la cardamome.

– Le yaourt battu *(lassi)* additionné de sel et de cumin est un véritable remède contre la diarrhée. C'est le cas également du yaourt assaisonné de poudre de coriandre et de fenugrec (six grammes pour un pot de yaourt).
– Vous pouvez aussi faire chauffer du *ghee* et ajouter de la poudre de gingembre et du sucre. Plus simplement, le jus de gingembre appliqué autour du nombril est un excellent antidiarrhéique.
– L'Ayurvéda dispose, en plus, de médicaments efficaces contre la diarrhée. Par exemple : *isabgol*, *kadachhal churna* ou *kutaj ghanvati*.

LES DOULEURS DANS LA POITRINE

Les douleurs qui siègent dans la poitrine peuvent avoir de multiples origines. Elles peuvent signaler un problème respiratoire, cardiaque, digestif, voire nerveux. Lorsqu'elles deviennent chroniques, il vaut mieux essayer de comprendre d'où elles viennent, afin de pouvoir soigner le trouble qui est à leur origine.

Les douleurs dans la poitrine et la médecine ayurvédique

Pour l'Ayurvéda, les douleurs qui siègent dans la poitrine ont toujours la même origine : c'est l'énergie de *Vata* qui est viciée. Il faut donc assainir *Vata* pour que les douleurs cessent.

À éviter

– Évitez les aliments qui augmentent l'énergie de *Vata*, tout particulièrement les aliments à peine sortis du réfrigérateur, les produits surgelés ou les restes des plats préparés la veille.

– Évitez les aliments ayant une nature énergétique sèche (salade verte, légumineuses) qui ont tendance à augmenter *Vata*.
– Enfin, entourez-vous de calme car la colère, les angoisses et les soucis ne sont pas vos amis.

Conseils

– Si vous êtes sujet à la constipation, soignez-la d'abord car elle contribue à augmenter *Vata*.
– La pratique de *Pancha karma* est efficace[1], ainsi que les massages.
– Le jeûne a tendance à augmenter *Vata*. Cependant, dans ce cas, il peut s'avérer efficace car il équilibre cette énergie et l'assainit.
– La pratique régulière d'exercices de *Pranayama* donne de bons résultats.
– Si vous en avez l'opportunité, prenez un bain de sable chaud qui vous fera transpirer et rééquilibrera *Vata* dans votre cage thoracique. Sinon, optez pour l'application d'une bouillotte.
– Parfois, la sensation de lourdeur dans la poitrine est due à une accumulation de gaz dans la région abdominale qui exerce une pression jusque dans la cage thoracique. Prenez alors du bicarbonate de sodium.
– Si vous ressentez une émotion forte qui vous donne envie de pleurer, ne vous retenez pas : les larmes ont un effet harmonisant sur l'énergie de *Vata*.
– Buvez des tisanes de menthe, de gingembre, de fenouil et de fenugrec. Les Indiens ajoutent certains médicaments spécifiques, comme *Shivakshar churna*, *lashunadivati* ou *hingukarpurvati*.

---

1. Voir le descriptif de cette pratique, p. 88.

Les douleurs des règles

Chez certaines femmes, les règles s'accompagnent de douleurs parfois violentes et invalidantes. Ces douleurs sont très variables, autant dans leur intensité que dans leur localisation. Elles apparaissent parfois avant les règles pour disparaître avec les premières gouttes de sang alors que, chez d'autres, elles accompagnent le flux menstruel pendant toute sa durée. Il arrive même qu'elles persistent après qu'il s'est tari. Elles peuvent débuter dès la puberté, alors que d'autres femmes n'en font l'expérience qu'à l'approche de la ménopause. Elles peuvent être dues à un déséquilibre hormonal (insuffisance en progestérone), à une obstruction mécanique des voies utérines, voire à des troubles psychiques ou nerveux.

Les douleurs des règles et la médecine ayurvédique

Pour l'Ayurvéda, c'est toujours une perturbation de *Vata* qui est à l'origine des douleurs des règles. Les gestes thérapeutiques vont donc tenter de rééquilibrer cette énergie perturbée.

À éviter

- Il faut, bien entendu, éviter les aliments qui augmentent *Vata*, notamment ceux qui ont une saveur acide.
- Évitez également de manger trop froid. Ne consommez pas les restes de la veille. Évitez les aliments surgelés ou en conserve.

Conseils

- Privilégiez les plats chauds, limitez les salades et les crudités.

– Entre les règles, prenez chaque matin une demi-cuillerée à café d'huile de ricin additionnée de gingembre en poudre. L'Ayurvéda conseille d'associer certains médicaments à ce traitement naturel : *Laghu yogaraj gugul ; Kumari asava* (vinaigre ayurvédique préparé avec de l'*Aloe vera*) ; *Agnitundivati*.
– Lorsque les règles sont arrivées, prenez seulement *Laghu yogaraj gugul*, associé à *Dashmularistha*.
– Un traitement naturel très courant consiste à introduire dans le vagin un coton imbibé d'huile de sésame ou d'une huile ayurvédique qui élimine l'énergie de *Vata*.
– Il existe un autre traitement répandu : *Phalgruta*. On mélange du *ghee*, du lait et de l'eau, et on ajoute à cette mixture trente-deux herbes différentes. On fait bouillir jusqu'à ce qu'il ne reste que le *ghee* dans le récipient. On prend alors cette préparation à raison de dix à vingt grammes par jour.
– Lorsque les règles sont très abondantes, les traitements sont différents. Il s'agit de plantes *(Chandanasava, Ushirasava, Sarivadyasava…)* ou de substances minérales (comme la pierre d'alun fondue puis réduite en poudre). On utilise aussi les fleurs de grenadier, écrasées et réduites en boulettes que l'on place la nuit dans le vagin.

Les douleurs dentaires

Dans la plupart des cas, les douleurs dentaires sont dues à la présence de caries. Cette dégénérescence de la matière dure des dents évolue de la surface externe vers l'intérieur, jusqu'à atteindre la chambre pulpaire et le nerf. D'abord indolore, la carie commence à devenir sensible lorsqu'elle se rapproche de la pulpe. L'inflammation des tissus entraîne alors une compression à l'origine de la douleur.

Les douleurs dentaires et la médecine ayurvédique

L'Ayurvéda n'identifie pas de déséquilibre énergétique qui serait à l'origine des caries dentaires et des douleurs qui les accompagnent. Il s'agit d'un phénomène capable de toucher tout le monde, quelle que soit sa constitution. Cela n'empêche pas l'Ayurvéda de préconiser des gestes d'hygiène buccale capables d'atténuer les douleurs et de limiter l'apparition des caries.

À éviter

- Ne soyez pas négligent avec l'hygiène buccale. Elle est essentielle pour conserver des dents en bon état.
- Évitez d'abuser d'aliments très sucrés, notamment les confiseries et les pâtisseries industrielles.

Conseils

- Au moins une fois par semaine, nettoyez-vous les dents avec une branche d'acacia, de banian ou de neem. Mâchonnez-la jusqu'à ce que les fibres se détachent et forment un petit pinceau naturel avec lequel vous frotterez vos dents.
- Faites *Gandouch*[1] chaque matin, de préférence avec de l'huile de sésame.
- Vous pouvez aussi faire fondre de la pierre d'alun puis la réduire en poudre et l'utiliser pour frotter les dents.
- Une résine de plante est particulièrement efficace pour lutter contre les douleurs dentaires, même lorsque

1. Voir la description de ce soin p. 99.

l'inflammation est importante. Elle s'appelle *Asafoetida*. Il faut frotter les gencives chaque jour avec une pincée de cette plante séchée réduite en poudre.
– L'huile essentielle de clou de girofle est également efficace, ainsi que la racine de curcuma séchée et réduite en poudre.
– Enfin, pour entretenir la santé de la bouche, pensez à vous gargariser chaque jour avec de l'eau tiède légèrement salée.
– Utilisez tous les jours un gratte-langue.

LA FATIGUE

C'est une perte d'énergie à la fois physique et psychique, qui nous prive de nos moyens. La fatigue est un signal normal de l'organisme qui prévient qu'il a besoin de repos. Il est donc naturel de se sentir fatigué après un gros effort physique ou une forte contrariété. Ce type de fatigue cède facilement au repos. La fatigue devient une vraie pathologie lorsqu'elle se fait chronique et qu'elle ne s'efface pas après quelques jours de repos. Elle est alors soit un signe d'épuisement, soit la marque d'une maladie plus grave qui se développe en sourdine. Une fatigue intense et qui ne cède pas au repos est l'un des premiers signes à apparaître par exemple en cas d'infection latente, de tumeur cancéreuse ou de trouble cardiaque.

La fatigue et la médecine ayurvédique

La fatigue est un symptôme diffus qui peut relever de différents types de déséquilibres énergétiques. Tous les Dosha peuvent être à l'origine de la fatigue. Les traitements visent donc un rééquilibrage énergétique global.

À éviter

– Lorsque vous commencez à sentir de la fatigue, ne négligez pas de vous reposer. C'est un signal qu'il vaut mieux prendre en compte au fur et à mesure.
– Pendant les périodes de grande fatigue, adoptez une alimentation qui vous apporte les six saveurs de manière équilibrée, et abstenez-vous d'aliments lourds, très gras et très sucrés.
– Préférez les aliments frais aux conserves et aux surgelés.

Conseils

– Dans tous les cas de fatigue, il est conseillé de se faire masser régulièrement. Le massage global *(Abhyanga)*[1] permet de rééquilibrer toutes les énergies et apporte une détente qui favorise le repos.
– La fatigue chronique, qui résiste au repos, peut céder lorsqu'on pratique *Pancha karma*[2]. Ce nettoyage intérieur complet permet de débarrasser le corps de toutes les toxines qui l'encombrent et entretiennent la fatigue.
– Les fatigues psychiques et nerveuses sont soulagées par la pratique de *Shirodhara*[3]. Ce soin est, d'ailleurs, pratiqué en Inde dans les hôpitaux pour soigner les maladies nerveuses. *Kansu*®[4] (le massage de la plante des pieds à l'aide d'un bol métallique) peut aussi apporter un soulagement rapide.
– Dans tous les cas, la pratique du *Yoga Nidra* est d'un grand secours, notamment lorsque la fatigue perturbe le sommeil, car la relaxation profonde produite par les

---

1. Voir le descriptif détaillé de ce massage p. 85.
2. Voir l'explication de ce soin p. 88.
3. Voir le détail de ce soin p. 85.
4. Voir la description de ce massage, p. 84.

exercices favorise une détente nerveuse propice au repos physique et mental.

– L'Ayurvéda ajoute à ces traitements des plantes spécifiques, notamment *Amlakirasayana* ou *Suvarnavasantmalti*, *chyavanprashavaleha*.
– Consommez du gingembre frais au cours des repas.

LES HÉMORROÏDES

Ce sont des varices qui logent dans la région anale. Elles sont provoquées par une dilatation des veines de la paroi rectale. Les hémorroïdes peuvent être internes (invisibles de l'extérieur mais perceptibles au toucher rectal) ou externes. Outre une douleur caractéristique (douleur brûlante, sensation de lourdeur dans la région périnéale...), parfois violente, les hémorroïdes se manifestent par un gonflement des veines et des hémorragies au passage des selles. Les hémorroïdes sont dues le plus souvent à des facteurs mécaniques et circulatoires (compression veineuse, atonie des muscles des sphincters...). La sédentarité favorise l'apparition des hémorroïdes (surtout chez les personnes qui travaillent assises), ainsi que la constipation. Elles apparaissent aussi chez les femmes pendant la grossesse.

Les hémorroïdes et la médecine ayurvédique

Pour l'Ayurvéda, les hémorroïdes peuvent être provoquées par des déséquilibres dans les trois Dosha. *Pitta* est, bien sûr, impliqué puisqu'il s'agit d'un phénomène inflammatoire. *Vata* et *Kapha* le sont également. *Rakta*, le Dhatu du sang, est vicié. Le but des traitements sera donc de rééquilibrer les trois Dosha et d'assainir le Dhatu endommagé. Les hémorroïdes ont une composante héréditaire importante. Lorsqu'on en souffre, il faut faire particulièrement attention à l'hygiène de vie quotidienne afin de limiter leur apparition.

À éviter

- Lorsqu'on est sujet aux hémorroïdes, il faut veiller à ne pas consommer couramment des aliments qui augmentent *Vata :* les aliments de nature froide ou sèche, les aliments de saveur amère ou astringente…
- Les aliments qui augmentent beaucoup les énergies de *Kapha* et de *Pitta* sont également à limiter. Cela revient à manger de manière très équilibrée afin d'éviter tout risque d'amplification d'un Dosha au détriment des autres.
- Certains aliments sont à proscrire, car ils sont plus dangereux que les autres pour les personnes qui sont sujettes aux hémorroïdes : l'alcool, le piment, l'ail et l'oignon. Ils contribuent à vicier le Dhatu du sang *(Rakta)*, qui est déjà endommagé.
- Il faut aussi éviter l'excès d'activité physique, tout autant que la sédentarité. Le fait de ne pas bouger produit des stases sanguines dans la région pelvienne, mais le fait de bouger de manière trop violente et trop répétée (qu'il s'agisse de sport ou de sexe) peut aussi produire des accidents circulatoires dans cette même zone.
- Ne séjournez jamais de manière trop prolongée dans une atmosphère froide, car les basses températures ont tendance à augmenter *Vata*.
- Évitez les atmosphères climatisées.

Conseils

- Le maître mot de l'hygiène de vie est l'équilibre : il faut manger de manière équilibrée afin d'absorber régulièrement les six saveurs et les différentes natures énergétiques.

C'est essentiel pour qu'aucun Dosha ne prenne le pas sur les autres.

- Il faut aussi pratiquer une activité physique, régulière mais modérée, afin d'éviter tout risque de compression dans la région pelvienne et périnéale.
- Faites régulièrement une diète adaptée à ce problème. Il s'agit de manger une clémentine à chaque heure, à l'exclusion de toute autre nourriture. On sent rapidement un apaisement, parfois dès la première demi-journée.
- L'Ayurvéda propose, en plus de ces règles de base, des traitements plus précis. *Bhilama*, par exemple, est préparé à partir des graines produites par un fruit dont la nature énergétique est brûlante. Ces graines sont réduites en poudre, que l'on fait ensuite bouillir à plusieurs reprises dans de l'eau additionnée de lait. La mixture est ensuite mélangée à du *ghee*, du sucre candi et du miel.
- Le yaourt battu est également prescrit, car il apaise les trois Dosha.
- En cas de saignements hémorroïdaires, l'Ayurvéda recommande l'utilisation de neem (un arbre) dont on peut soit mâcher les feuilles, soit absorber l'huile (en gélule car le goût est très désagréable).
- On peut également prendre des plantes, notamment *Naga kesar*, *Indra java* ou *isabgol*, avec du yaourt et du sucre candi.
- Il existe plusieurs médicaments ayurvédiques contre les hémorroïdes, dont la formule comprend plusieurs plantes différentes agissant en synergie. C'est notamment le cas de *Ashoka ghanvati*, un médicament que l'on doit absorber avec du yaourt battu nature, ni salé ni sucré.
- Enfin, on consomme les cosses du fruit d'un arbre appelé *Bhawa*, que l'on fait sécher puis que l'on réduit en poudre. De la même manière, on peut prendre de la

poudre de racines de *Bala*, ou de la poudre d'écorce de *Kanal*.

- Les traitements locaux vont, selon les cas, de la simple pommade (*Kasisadi tail*, ou *Jatyadi malham*), à la chirurgie, en passant par des produits caustiques qui « brûlent » les varices anales.

L'hypertension artérielle

La tension artérielle est représentée par deux nombres accolés, dont le décryptage n'est pas toujours aisé pour les profanes. En fait, ces deux nombres indiquent la pression qui s'exerce sur les parois artérielles, le premier lorsque le cœur se contracte pour propulser le sang dans le système circulatoire (pression systolique), le second lorsqu'il se dilate pour se remplir à nouveau (pression diastolique). Ces chiffres donnent une idée de l'état des artères, notamment de leur élasticité qui est indispensable pour éviter tout risque de rupture (notamment d'anévrisme...) ou d'obstruction (artériosclérose, embolie...). On estime habituellement que le nombre inférieur ne doit pas dépasser 9 et le nombre supérieur 15. En fait, c'est le rapport entre les deux qui est le plus important. On estime que le nombre inférieur doit être égal à la moitié du nombre supérieur, plus ou moins 1. Ainsi, lorsque le nombre supérieur est 13, le nombre inférieur doit être compris entre 5,5 et 7,5. On parle d'hypertension artérielle lorsque les deux nombres sont trop élevés, ou lorsque le rapport entre les deux n'est pas bon (une pression diastolique au-dessus de 9 est un signe d'hypertension, même lorsque la pression systolique reste modérée). L'hypertension artérielle provoque de nombreux symptômes, comme des maux de tête, de la fatigue, des troubles oculaires...

L'hypertension artérielle et la médecine ayurvédique

En Ayurvéda, on attribue l'hypertension artérielle à un déséquilibre de l'énergie de *Vata*. Les traitements visent donc à la rééquilibrer pour la ramener à la normale.

À éviter

– Le stress et la tension nerveuse augmentent la pression dans les artères. Il faut donc éviter les situations tendues et les relations conflictuelles.
– Évitez de vous mettre en colère et fuyez autant que possible les contrariétés.
– Diminuez la nourriture qui augmente *Vata* (notamment les aliments de saveur amère ou astringente).
– Et surtout, évitez le sel et les aliments de saveur salée.

Conseils

– L'hypertension artérielle cède souvent à la purification corporelle. Commencez par une ou deux journées de jeûne, pendant lesquelles vous boirez uniquement de l'eau chaude. Puis vous adopterez une alimentation légère et peu abondante, de préférence bio, et surtout bien équilibrée.
– Chaque semaine, faites une journée de jeûne ou, si cela vous est trop difficile, ne faites qu'un seul repas pendant deux jours consécutifs.
– Dans tous les cas, veillez à ne jamais sortir de table complètement rassasié. Rappelez-vous : à la fin d'un repas, l'Ayurvéda estime que l'estomac doit renfermer un tiers de nourriture, un tiers de liquide et un tiers d'air[1]. Ceux

1. Voir les explications p. 114.

qui souffrent d'hypertension doivent diminuer un peu plus la part de nourriture solide dans leur bol alimentaire.

- Les massages peuvent s'avérer très efficaces, notamment *Abhyanga* (le massage global) et *Pichauli* (massage à quatre mains)[1]. Pour que ces massages soient encore plus actifs, effectuez-les avec des huiles ayurvédiques qui diminuent l'énergie de *Vata (Maha narayana, Bala, Lakshadi, Nirgundi…)*.
- Faites attention à votre transit intestinal. La constipation est particulièrement néfaste pour les personnes sujettes à l'hypertension artérielle[2].
- D'une manière générale, buvez des tisanes de plantes qui aident à l'élimination et qui favorisent l'évacuation des toxines. C'est le cas notamment du cumin, du genièvre ou du curcuma.
- Mettez de l'ail à votre menu, car cet aliment est un véritable médicament qui régule la tension artérielle. Vous pouvez, chaque jour, faire chauffer un peu de *ghee* additionné de cinq grammes d'ail écrasé, et en prendre une bouchée au début de chaque repas.
- En plus de ces gestes quotidiens, l'Ayurvéda dispose de médicaments à base de plantes, spécifiquement adaptés à l'hypertension. C'est le cas notamment de *Arogyavardhini* et de *Sarpagandha ghanavati*.
- Enfin, l'excès de tension nerveuse fait monter la pression artérielle. Toutes les sources de stress sont donc contre-indiquées pour les personnes sujettes à l'hypertension. Pratiquez le *Yoga Nidra* qui apporte rapidement un soulagement bénéfique. Le massage de la

1. Voir les descriptions détaillées de ces massages p. 85-86.
2. Voir les conseils de l'Ayurvéda pour lutter contre la constipation p. 131.

plante des pieds avec un bol en métal *(Kansu®)* est également très efficace car il apaise les tensions et favorise un sommeil serein. D'une manière générale, veillez à adopter un rythme de vie calme et régulier.

– Pratiquez le *Pranayama* (surtout *anuloma viloma*) et *Shavasana* (la posture de détente en yoga).

Les inflammations

L'inflammation est une réaction de défense de l'organisme qui se manifeste généralement par de la chaleur et des rougeurs. Souvent associée à des infections (germes, virus...), elle peut aussi se développer en dehors d'une invasion microbienne. L'asthme, par exemple, entraîne une réaction inflammatoire des bronches au même titre que la bronchite infectieuse. Les états inflammatoires impliquent des réactions vasculaires, cellulaires, tissulaires, thermiques... Ils ne constituent pas, en soi, une maladie puisque c'est la méthode qu'emploie l'organisme pour se protéger. Les modifications vasculaires, par exemple, permettent au sang d'arriver plus vite sur le lieu d'une agression microbienne afin d'augmenter l'apport en cellules immunitaires. Cependant, une fois la cause de l'inflammation identifiée, on peut l'atténuer afin de ne pas trop fatiguer l'organisme. Il est bon notamment de faire taire les états inflammatoires devenus chroniques.

Les inflammations et la médecine ayurvédique

Pour l'Ayurvéda, les inflammations peuvent être dues à toutes sortes de déséquilibres : ceux des trois Dosha pris séparément, mais surtout ceux dus à *Pitta* ou ceux dus à la pénétration de poisons dans l'organisme *(Ama)*. Enfin, le mauvais fonctionnement d'un des organes majeurs (par exemple le cœur ou le foie) peut entraîner un état inflammatoire local ou général.

À éviter

- Ne mangez pas de céréales fraîchement récoltées.
- Abstenez-vous de légumes qui ne soient pas parfaitement frais.
- Évitez la mélasse, le yaourt, les aliments acides et ceux qui provoquent une sensation de brûlure interne.
- Régulez votre activité sexuelle de manière à ne pas provoquer trop d'échauffement interne.

Conseils

- Les gestes qui permettent d'atténuer les états inflammatoires diffèrent selon leur origine, et parfois leur localisation.
- Les massages soulagent les inflammations externes (cutanées, musculaires...). C'est le cas également des bains de sable chaud, qui provoquent une sudation capable d'éliminer les toxines internes.
- Lorsque l'inflammation est consécutive à une accumulation de toxiques ou de poison, l'Ayurvéda recommande de poser des sangsues qui accéléreront l'élimination des substances nocives.
- Lorsque l'inflammation est due à un mauvais fonctionnement du foie ou du cœur, les purges apportent un soulagement durable[1].
- Lorsqu'elle est due à un mauvais fonctionnement des reins, le protocole est différent. Il faut surtout éviter de pratiquer des massages, qui risquent d'accentuer la rétention d'eau responsable de l'inflammation.

---

1. Voir les explications à propos des purges p. 88.

- Lorsqu'une inflammation externe, bien visible, est due à une augmentation exagérée de l'énergie de *Vata*, elle peut être calmée par l'application d'huile de ricin.
- Lorsqu'elle est due à une trop forte exposition à la chaleur, il est conseillé d'appliquer du gel d'aloès ou des cataplasmes d'argile verte sur les parties touchées.
- D'une manière générale, les inflammations externes peuvent être soulagées par l'application d'une pâte de poudre de clous de girofle mélangée à de l'eau tiède.
- L'Ayurvéda propose, en plus de ces soins quotidiens, l'usage de médicaments spécifiques, parmi lesquels *Punarnavashtak*, *Punanavamandoor*, *Takramandoor*, *Chitrakadighrita*…
- Parmi les plantes ayurvédiques que l'on peut facilement trouver en Occident, la poudre de gingembre peut être utilisée pour soulager les inflammations dues à un excès de *Vata*, ainsi que le jus de gingembre (ou la décoction concentrée) mélangée à un peu de lait.
- Sont également conseillées les applications locales d'un mélange de sel noir et de graines de moutarde écrasées, ou de mélasse additionnée de poudre de gingembre.

L'INSOMNIE

Dans sa définition médicale, l'insomnie est une altération du sommeil, soit en quantité, soit en qualité. En fait, le plus souvent, les insomnies réunissent ces deux critères. La nuit est courte (que l'on ait du mal à s'endormir, que l'on se réveille plusieurs fois dans la nuit ou que l'on se réveille trop tôt le matin), et les heures que l'on passe entre les bras de Morphée ne sont pas vraiment reposantes. Le manque de sommeil est une notion subjective et chacun possède son rythme propre. Un seul critère permet de déterminer l'insomnie : la sensation que le sommeil n'est pas réparateur. Or, c'est l'une des fonctions principales du sommeil que de permettre à l'organisme de se reposer et au mental de se régénérer. Lorsque ces fonctions sont perturbées, cela finit par entraîner des troubles : fatigue chronique, troubles de l'appétit, perte de mémoire, difficultés de concentration, nervosité… Pour les résoudre, il faut commencer par restaurer un sommeil serein et réparateur.

L'insomnie et la médecine ayurvédique

Pour l'Ayurvéda, toutes les insomnies, quelle que soit leur forme, sont dues à un déséquilibre de l'énergie de *Vata*. Les traitements visent donc à diminuer *Vata* afin de ramener l'harmonie entre les trois Dosha.

À éviter

- Organisez votre alimentation de manière à ne pas abuser des aliments qui augmentent *Vata*. Limitez notamment la nourriture de saveur amère, astringente, et dans une moindre mesure, piquante.
- Évitez de vous agiter en fin de journée, et préparez votre nuit en privilégiant les activités qui renforcent l'énergie de *Tamas*, cette énergie qui nous pousse à l'inactivité et nous prépare au sommeil.
- Évitez, bien sûr, le thé et le café.
- Ne mangez pas trop tard le soir.
- Ne regardez pas la télévision trop tard.

Conseils

- Faites-vous masser régulièrement. Privilégiez les massages à l'huile *(Pichauli)* ou les massages de la tête, *Shirodhara*, *Kansu* (le massage de la plante des pieds avec un bol en alliage de cinq métaux) peut aussi s'avérer réparateur[1].

1. Voir le descriptif de ces massages p. 84-86.

- Intégrez à votre alimentation des produits qui augmentent l'énergie de *Tamas*, notamment le lait de buffle et ses dérivés.
- L'Ayurvéda recommande de boire, juste avant de se coucher, un verre de lait chaud additionné de graines de cardamome. Dans la journée, buvez plutôt du lait froid, additionné de safran, d'amandes pilées et de sucre.
- Il existe également des médicaments ayurvédiques contre l'insomnie, dont *Ashwagandha*, *Pipplimoola*, *Sarpagandha*, *Shankhavali* ou *Saraswatchurna*.

Les jambes lourdes

Ce trouble, d'origine circulatoire, touche surtout les femmes. La sensation de jambes lourdes, désagréable, est due à une mauvaise circulation veineuse de retour, le sang peinant à remonter contre la gravité depuis le bas du corps jusqu'au cœur. La stase veineuse entraîne un gonflement des chevilles, puis des jambes. La station debout devient pénible. Les problèmes circulatoires sont souvent associés à une mauvaise circulation de la lymphe dans le circuit lymphatique. Ce liquide, qui doit également remonter depuis le bas du corps vers le haut, est chargé d'éliminer les déchets métaboliques. Son accumulation dans le bas du corps accentue l'œdème des jambes et les sensations pénibles.

Les jambes lourdes et la médecine ayurvédique

Pour l'Ayurvéda, les jambes lourdes sont dues à un mauvais fonctionnement des *Mala* (élimination), notamment *Mutra* et *Prasweda*. Une diminution anormale de l'énergie de *Vata* peut aussi perturber la circulation sanguine.

À éviter

- Évitez de rester trop longtemps debout sans vous déplacer (piétinement).
- Ne vous exposez pas au soleil lorsqu'il est trop chaud.
- Évitez la constipation.
- Ne portez pas de vêtements trop serrés.
- Évitez les chaussures à talon haut.

Conseils

- L'Ayurvéda conseille de procéder à des enveloppements des jambes avec des linges préalablement trempés dans l'eau glacée. Puis on se couche, on se couvre d'une couverture afin de ne pas avoir froid, et on attend que les linges aient atteint la température du corps.
- Vous pouvez aussi pratiquer des douches des jambes, en alternant l'eau froide et l'eau chaude *(Padaprakshalana)*.
- Les massages globaux, comme *Abhyanga* et *Pichauli*, peuvent également vous faire du bien[1].
- Faites une légère purge avec *Triphala*.
- Buvez des tisanes de curcuma, gingembre et cannelle.
- Montez des escaliers, faites du vélo.
- Pratiquez la posture inversée de yoga (la chandelle).

LE MANQUE D'APPÉTIT

L'appétit, cette impulsion qui nous pousse vers la nourriture afin de nous maintenir en vie, fait partie de nos pulsions vitales fondamentales. La faim et la satiété sont gérées par le cerveau, par l'intermédiaire de certaines hormones cérébrales qui nous incitent à manger lorsque notre corps en a besoin et qui nous poussent à arrêter lorsque nous avons

1. Voir le descriptif de ces massages p. 85-86.

absorbé suffisamment de nourriture. Dans certaines circonstances, l'appétit se dérègle. On n'a pas envie de manger, alors même que notre corps en a besoin. C'est le cas pendant les convalescences ou lorsqu'on est très fatigué.

Le manque d'appétit et la médecine ayurvédique

Pour l'Ayurvéda, le manque d'appétit est toujours dû à une augmentation intempestive de l'énergie de *Kapha*, qui freine l'activité des « feux » internes *(Agni)*.

À éviter

- Évitez les plats lourds, trop gras et trop sucrés.
- D'une manière générale, n'abusez pas des aliments qui renforcent *Kapha*.
- Ne vous laissez pas trop aller à l'inactivité. Bougez, régulièrement, mais sans trop vous fatiguer ni trop tirer sur vos réserves énergétiques.

Conseils

- D'une manière apparemment paradoxale, la rééducation de l'appétit selon l'Ayurvéda commence par un à deux jours de jeûne, au cours desquels on ne boit que de l'eau chaude. Cette eau agit alors comme un véritable médicament et « réveille » les « feux » intérieurs.
- Puis recommencez à manger en privilégiant une alimentation légère et en suivant ce que vous dicte votre appétit.
- Avant les repas, prenez quelques lamelles de gingembre frais, arrosées de sel et de citron. Cela permet d'aiguiser l'appétit et de mieux digérer ce que l'on mange.
- L'Ayurvéda propose, en plus, des traitements spécifiques, notamment le médicament appelé *Agnitundivati* et un

mélange de plantes (*asafoetida* associée à huit autres plantes) nommé *Hingvashatak*.

LES MAUX DE TÊTE

Ils portent le nom officiel de céphalées. Ces douleurs peuvent siéger dans différentes zones du crâne (globes oculaires, front, tempes, nuque…), et occuper un seul côté (migraine) ou les deux. Elles sont d'intensité et de teneur très variables. Les maux de tête sont pulsants, brûlants, lancinants… Chez certaines personnes, ils sont puissants au point d'être invalidants. Ils peuvent être d'origine hormonale, circulatoire, nerveuse, digestive…

Les maux de tête et la médecine ayurvédique

Pour l'Ayurvéda, les maux de tête peuvent être dus à un excès dans l'un des trois Dosha : *Pitta*, *Vata* ou *Kapha*. Dans tous les cas, les traitements viseront à rééquilibrer les énergies.

À éviter

- Dans votre alimentation, évitez surtout les sources de déséquilibre. Cela revient à ne jamais abuser d'une saveur au détriment des autres.
- N'abusez pas de vos yeux pour éviter la fatigue oculaire.

Conseils

- Dans tous les cas, mangez des goyaves : ce fruit est particulièrement indiqué pour enrayer les maux de tête.
- Les personnes dont les maux de tête apparaissent dès le lever du soleil et se calment lorsque le soleil se couche doivent absorber un mélange de *ghee* et de *amla* (une plante ayurvédique) et du *shiro* (gâteau à base de semoule, de *ghee* et de raisins secs).

– Il leur est également recommandé de se rincer chaque jour les narines avec une goutte d'huile de pistache.
– Lorsque les maux de tête sont dus à un excès de *Kapha*, il faut plutôt absorber de la mélasse mélangée à du jus de gingembre frais. On peut aussi mettre un peu de ce mélange dans les narines.
– L'Ayurvéda conseille enfin de préparer une pâte avec de la poudre de gingembre et de l'eau tiède, puis de la poser en cataplasme sur le front.
– Lorsque les maux de tête sont dus à un excès de *Pitta*, l'Ayurvéda conseille de faire des massages de la tête avec de l'huile de ricin chaude. Il faut également boire du jus de tamarin additionné de sucre.
– Lorsque les maux de tête sont dus à un excès de *Vata*, le traitement est à base d'huile de ricin. On rince le nez avec quelques gouttes d'huile de ricin chauffée. On masse le corps tout entier à l'huile de ricin tiède. On peut aussi pratiquer *Virechan*, une purge à l'huile de ricin.
– Pour les migraines, l'Ayurvéda conseille de faire tremper pendant toute la nuit des raisins noirs secs dans du sucre et de l'eau, et de boire le jus le matin à jeun. On peut également rincer les narines avec de l'eau salée.
– S'ajoutent à ces gestes des traitements plus spécifiques, préparés à partir de plantes ayurvédiques comme *Triphala*, *Pathyadighanvati*.
– Pratiquez *Neti*[1].

L'OBÉSITÉ

La surcharge pondérale est devenue une véritable épidémie dans les pays occidentaux. L'abondance de nourriture,

---

1. Pratique du yoga de lavage du nez avec de l'eau salée, p. 98.

associée à l'industrialisation des aliments et à l'accumulation de stress, ont déboussolé à la fois notre comportement face à l'appétit et notre régulation pondérale. L'expérience montre que les régimes restrictifs, très en vogue depuis une cinquantaine d'années, ne donnent pas de résultats à long terme. Pour réguler l'excès de poids, il faut agir sur deux tableaux : d'une part, revenir à une alimentation plus saine et naturelle ; d'autre part, réguler les activités métaboliques.

L'obésité et la médecine ayurvédique

Pour l'Ayurvéda, c'est toujours un excès de *Kapha* et de *Meda* (tissu des graisses) qui est à l'origine du surpoids. Cette énergie, lourde et collante, ralentit les échanges métaboliques et incite à l'inactivité. Deux facteurs de prise de poids indéniables !

À éviter

- Ne vous laissez pas aller à l'inactivité. Efforcez-vous de bouger un peu, même si cela vous est pénible.
- Ne faites pas la sieste dans la journée, car le sommeil diurne augmente *Kapha*.
- Essayez de ne pas vous enfermer dans des situations stressantes, car l'accumulation de tension nerveuse et de soucis augmente aussi *Kapha*.

Conseils

- Pratiquez une activité physique régulière, sans faire trop d'efforts, en essayant de trouver votre rythme.
- Efforcez-vous de réguler vos prises alimentaires en apprenant à écouter votre appétit. L'Ayurvéda recommande, en toutes circonstances, de ne pas manger lorsqu'on n'a pas vraiment faim. Apprenez à écouter ce que votre corps vous dit à ce sujet.

- Les massages à sec *(Udvartana*[1]*)* sont très efficaces pour éliminer l'excès de *Kapha* et de *Meda*. Vous pouvez également pratiquer la sudation[2] afin d'accélérer l'élimination des toxines, et boire de l'eau cuivrée[3] additionnée de citron et de miel.
- D'une manière générale, il est conseillé d'éliminer tous les comportements excessifs : il ne faut ni faire des jeûnes ni manger trop, ni faire trop d'exercice ni rester tout le temps au repos...
- À ces soins s'ajoutent des préparations médicales à base de plantes, notamment *Triphala churna*, *Triphala gugul*, *Arogyavardhini*.

LES PROBLÈMES DE PEAU

La peau est le plus étendu de tous nos organes. Au-delà de son rôle d'enveloppe protectrice, elle remplit d'innombrables fonctions. Elle participe à la respiration, à l'élimination des déchets, à la fabrication de certaines hormones... Cette précieuse membrane peut être le siège de très nombreuses affections, certaines bénignes, d'autres graves. Il n'est question ici que des problèmes de peau courants : boutons, écorchures, eczéma, urticaire...

Les problèmes de peau et la médecine ayurvédique

Selon les principes de l'Ayurvéda, les problèmes de peau impliquent tous un déséquilibre dans les trois Dosha. Le traitement est donc toujours global. Il est d'autant plus

1. Voir la description de ce massage, p. 86.
2. Voir les techniques de sudation p. 88.
3. Voir la préparation de cette eau, p. 98.

urgent à mettre en place que les problèmes de peau ont tendance à devenir chroniques s'ils ne sont pas pris en charge à temps. En principe, on commence toujours par équilibrer le Dosha le plus dominant, avant de chercher à équilibrer l'ensemble.

À éviter

– Avant toute chose, il faut éviter d'abuser des aliments salés et sucrés. Le sel et le sucre sont eux-mêmes interdits.
– Essayez de privilégier les aliments et les plantes de saveur amère.

Conseils

– Dans tous les cas, il est conseillé de pratiquer *Virechan* (purge)[1]. Ce traitement est destiné à nettoyer l'organisme en profondeur et à aider la peau dans son travail d'émonctoire.
– Vous pouvez également purifier le sang en assaisonnant toute votre nourriture avec de la poudre de curcuma.
– Les sudations sont préconisées[2], ainsi que les massages (particulièrement *Udvartana*).
– Contre l'eczéma, il est recommandé de faire des cataplasmes d'argile, d'huile de sésame et d'*Aloe vera*, ainsi que de feuilles de *neem*. Lorsque l'eczéma est associé à un prurit (démangeaisons) on conseille de boire du jus frais de feuilles de menthe ou d'*Aloe vera*.
– En cas de boutons, il faut veiller à nettoyer régulièrement le système digestif, notamment avec des purges régulières. On peut également appliquer sur les boutons du jus frais de feuilles de coriandre, ou du lait additionné de

1. Voir le détail des purges dans l'Ayurvéda, p. 89.
2. Voir le détail des moyens de sudation, p. 88.

noix muscade râpée. Si des démangeaisons sont associées, on ajoute dans cette préparation de la racine de curcuma moulue.

– Lorsque les problèmes touchent le cuir chevelu (démangeaisons, pellicules...), il faut faire des bains de cheveux avec du lait d'argile (de l'eau dans laquelle on a laissé de la poudre d'argile macérer pendant toute la nuit). On peut aussi enduire la tête de yaourt, puis laisser reposer une demi-heure avant de laver les cheveux avec un shampoing doux.
– En cas d'urticaire, l'Ayurvéda conseille d'enduire la peau avec de la mélasse additionnée de thym indien *(Ajavayan)*, de préférence le matin à jeun. Le soir, appliquez de la poudre de feuilles de *neem*. Vous pouvez également essayer d'appliquer un traitement courant en Inde, bien qu'un peu étrange aux yeux des Occidentaux : on introduit dans l'anus un tampon de coton imbibé d'huile de sésame ou de ricin, et on le conserve ainsi toute la nuit.
– Certains médicaments spécifiques sont prescrits par les médecins ayurvédiques en fonction de la constitution de leur patient et de la manière dont se manifestent leurs problèmes de peau. Citons notamment *Panchnimb*, *Manjishtadi quath*, *Gandhakrasayan*, *Arogyavardhini*.

Les rhumatismes

On réunit sous ce terme unique toutes les douleurs articulaires qui ne sont pas d'origine traumatique. Pourtant, ces troubles peuvent avoir diverses origines. Schématiquement, ils sont de deux types : dégénératif ou inflammatoire. Les douleurs d'origine dégénérative sont dues à une usure prématurée des cartilages qui ne peuvent plus jouer leur rôle de tampon lubrifiant au cours des mouvements. C'est l'arthrose. Les douleurs d'origine inflammatoire sont dues à une inflammation des tissus articulaires. C'est l'arthrite. Dans le premier cas, les douleurs sont intenses le matin au réveil, après l'inactivité de la nuit, et s'atténuent avec le mouvement. Dans le second cas, les articulations sont rouges et chaudes, et les douleurs s'amplifient au fur et à mesure du déroulement de la journée. Les rhumatismes sont étroitement liés à l'âge.

Les rhumatismes et la médecine ayurvédique

Selon les cas, les rhumatismes peuvent être dus à un déséquilibre de *Vata*, bloqué par *Ama*. Les traitements vont donc porter sur un rééquilibrage énergétique global.

À éviter

- Il faut avant tout éviter de consommer des aliments de saveur acide, notamment lorsque la douleur est brûlante et que les articulations sont rouges et gonflées.
- Ne mangez pas non plus d'aliments tout droit sortis du réfrigérateur, car le froid risque de trop augmenter *Vata*.
- Contrairement à une idée très répandue, l'exercice physique n'est pas contre-indiqué pour les personnes ayant des douleurs articulaires. Il faut simplement qu'elles soient encore plus vigilantes que les autres quant à leurs limites et qu'elles cessent dès que les mouvements sollicitent trop les articulations et provoquent des gênes ou des douleurs.

Conseils

- Massage du corps et surtout des articulations avec des huiles ayurvédiques légèrement chauffées : *Maha narayana*, *Panchaguna* ou *Dashmula*.

- Préparez une pâte en mélangeant un kilo de poudre d'argile, un demi-kilo de sel de table et de l'eau tiède. Puis appliquez ce cataplasme sur les articulations douloureuses et conservez-le au moins une demi-heure.
- Les rhumatismes étant parfois liés à une accumulation des toxines dans les articulations, il est aussi conseillé de faire de temps en temps une purge avec une tisane de gingembre à laquelle on ajoute une à deux cuillerées à soupe d'huile de ricin.
- Lorsque la douleur est très aiguë, vous pouvez prendre une tisane de gingembre, de racine de ricin et d'*asafoetida*.
- Dans votre alimentation, intégrez régulièrement de l'ail, du gingembre frais et des graines de fenugrec.
- Plantes ayurvédiques conseillées : *guggulu*, *rasnadi quath*.

LES SAIGNEMENTS DE NEZ

Les muqueuses qui tapissent l'intérieur du nez sont très richement innervées et vascularisées. C'est pourquoi il arrive qu'elles saignent, parfois abondamment. Ces saignements sont dus soit à une poussée d'hypertension artérielle (chez l'adulte), soit à une écorchure de la paroi nasale qui a endommagé un petit vaisseau. Les saignements de nez ne sont pas graves, mais il faut tout de même veiller à les faire cesser afin de ne pas perdre trop de sang.

Les saignements de nez et la médecine ayurvédique

Comme tous les saignements, ceux qui touchent le nez sont dus à un excès de *Pitta*. Ils se calment, et surtout ils surviennent de moins en moins souvent, lorsqu'on apaise cette énergie et qu'on augmente *Kapha* et *Vata*.

À éviter

– Évitez les aliments qui augmentent *Pitta*, notamment ceux de saveur piquante. Abstenez-vous surtout de consommer de la mélasse, du poivre, du sucre de canne…
– Évitez aussi de séjourner trop longtemps au soleil.

Conseils

– Privilégiez dans votre alimentation les produits ayant une nature énergétique fraîche ou froide, afin de calmer l'excès de *Pitta*.
– Assaisonnez vos plats avec des épices de nature énergétique fraîche, comme la coriandre, le cumin, la cardamome, le fenouil, l'anis…
– Lorsque le saignement se déclenche, on peut respirer un oignon coupé en deux ou une petite boulette de pâte d'argile.
– Vous pouvez aussi poser sur votre tête une poche remplie d'eau glacée ou de glaçons, afin que la fraîcheur atténue la chaleur de *Pitta*.
– Traitez le nez en faisant couler dans chaque narine une ou deux gouttes de jus de feuilles de coriandre fraîche.
– Les massages de la tête sont efficaces, notamment *Shirodhara*[1] (soin qui consiste à laisser couler un filet d'huile chaude sur le front). Dans ce cas, on peut remplacer l'huile chaude par du *ghee* tiédi ou du yaourt battu coupé d'eau.
– Le massage de la plante des pieds avec un bol en métal *(Kansu®)*[2] est aussi très efficace pour calmer l'excès de *Pitta*.
– L'eau de rose ou le sirop de rose sont des boissons conseillées car elles sont adoucissantes et rafraîchissantes.

---

1. Voir la description détaillée de ce soin, p. 85.
2. Voir la description de ce massage, p. 84.

– Enfin, certains médicaments ayurvédiques spécifiques sont couramment prescrits pour calmer les saignements de nez, par exemple *Chadrakala*, *Udumbar*, *Kamadhudarasa*, *Pravalabhasma*, *Amlakiswaras*.

LE STRESS

Le stress n'est pas une maladie en soi, même si de très nombreuses personnes en souffrent dans le monde occidental. Le stress, au sens propre, c'est l'ensemble des sollicitations qui nous poussent à agir, à nous adapter à notre environnement. Sans stress, l'être humain n'aurait jamais évolué. Le stress n'est donc pas un ennemi absolu. C'est l'excès de stress qui nous est préjudiciable. Pour l'éviter, il nous faut apprendre à mieux gérer les situations stressantes, à éviter celles que nous ne sommes pas obligés d'endurer et à multiplier les activités qui nous aident à mieux supporter la tension nerveuse, physiquement et psychologiquement.

Le stress et la médecine ayurvédique

L'excès de stress provoque, à l'intérieur de nous, un déséquilibre énergétique qui touche les trois Dosha. Globalement, *Vata* et *Pitta* ont tendance à augmenter, et *Kapha* à diminuer. Ce déséquilibre perturbe notre faculté de gérer les situations de tension. Nous plongeons ainsi dans un véritable cercle vicieux, notre moindre adaptation au stress aggravant encore notre déséquilibre énergétique. Les traitements visent à renverser la vapeur afin de restaurer petit à petit notre résistance au stress.

À éviter

– Évitez tout ce qui peut mobiliser votre tension nerveuse : télévision, films violents, jeux agressifs, compétitions.

– Veillez à ce que votre alimentation quotidienne vous apporte les six saveurs, dans des proportions équilibrées.
– Limitez un peu les aliments qui augmentent *Pitta* et *Vata*, notamment les saveurs piquante, amère et astringente.

Conseils

– Pratiquez régulièrement le *Hatha yoga*. Toutes les postures sont efficaces pour évacuer le stress et améliorer notre résistance, mais l'une d'entre elles est particulièrement indiquée : *Shavasana*.
– Pratiquez également les exercices respiratoires du *Pranayama*.
– Enfin le *Yoga Nidra* et la méditation peuvent vous être d'une aide précieuse.
– Pour vous détendre, vous pouvez écouter de la musique, ou, mieux encore, en jouer.
– En ce qui concerne l'alimentation, mangez surtout des fruits et légumes frais, des graines germées (pousses de blé), de la confiture de pétales de rose (qui renforce l'énergie sattvique).
– Vous pouvez boire régulièrement du jus de légumes frais, notamment de carottes.
– *Kansu*® (le massage de la plante des pieds avec un bol en métal) est indiqué car il calme l'excès de *Pitta*. Le massage global *Abhyanga* est également efficace pour chasser les tensions corporelles et détendre le mental[1].
– L'accumulation de stress finit par nous intoxiquer, comme le feraient des poisons lentement inoculés dans nos corps. Pour aider l'organisme, il est bon de faire *Pancha karma*[2].

---

1. Voir la description de ces massages, p. 84-85.
2. Voir les détails concernant cette pratique, p. 88.

– Enfin, la consommation d'eau cuivrée[1] *(Ushah Pan)* donne de bons résultats.

La toux

La toux est un symptôme qui peut appartenir à différentes maladies : la bronchite, la laryngite, l'asthme… C'est un réflexe de l'organisme soit pour expulser des sécrétions qui encombrent les bronches, soit pour calmer une irritation dans la zone rhino-pharyngée. Dans le premier cas, on parle de toux grasse ; dans le second, de toux sèche. Autant la toux sèche peut être calmée sans que cela pose le moindre problème, autant la toux grasse doit être abordée avec prudence car elle a des vertus d'élimination.

La toux et la médecine ayurvédique

Pour l'Ayurvéda, la toux est toujours liée à une augmentation de l'énergie de *Vata*. Ce sont notamment les sous-Dosha *Prana* et *Udhana* qui sont viciés. Les traitements visent donc à les assainir et à rééquilibrer les trois Dosha.

À éviter

– Il faut s'abstenir de consommer tout ce qui peut augmenter encore *Vata*, notamment les aliments de saveur amère et astringente.

Conseils

– L'un des mantras de l'Ayurvéda affirme que « si l'on prend *Vasa*, on n'a jamais peur de la toux ». Il s'agit d'une plante que l'on consomme généralement en jus frais associé à du miel.

1. Voir comment préparer cette eau, p. 98.

– Vous pouvez aussi consommer un mélange de jus de gingembre, de miel avec un peu de curcuma.
– Chaque matin, vous pouvez commencer la journée en avalant, à jeun, une cuillerée de *ghee* et de miel additionnée de graines de cumin noir écrasées.
– Le soir, avant de vous coucher, prenez trois grammes de poivre noir réduit en poudre très fine, mélangé à du miel liquide.
– En association avec ces gestes, l'Ayurvéda dispose de médicaments que les médecins choisissent en fonction des cas. Par exemple : *swaskutar rasa*, *bruhat panchamulaquath*, *sitopaladi churna*, *kapha ketu*, *vasavaleh*, *abhrak bhasma*.

LES VOMISSEMENTS

Ces régurgitations, parfois violentes, sont destinées à vider le contenu de l'estomac qui est rejeté par la bouche. Les vomissements peuvent être dus à une indigestion (ingestion de nourriture trop lourde, trop grasse, trop abondante), une infection digestive (gastro-entérite), voire à d'autres troubles associés. Les femmes enceintes souffrent parfois de vomissements pendant les trois premiers mois de grossesse.

Les vomissements et la médecine ayurvédique

Ces malaises, pénibles et fatigants, sont toujours dus à une perturbation de l'énergie de *Vata*, notamment les sous-Dosha *Udana* et *Apana*. Lorsque ces deux sous-Dosha sont équilibrés, les fonctions énergétiques ascendantes et descendantes sont harmonieuses. Mais lorsqu'ils sont viciés, toutes les fonctions deviennent ascendantes, ce qui pousse la nourriture vers le haut du corps au lieu de la faire cheminer vers le bas.

À éviter

– Évitez surtout tout ce qui peut augmenter *Vata*, notamment les aliments de saveur amère et astringente.
– Évitez de manger rapidement.
– Évitez de manger pendant que vous éprouvez des émotions fortes ou négatives.

Conseils

– Buvez du jus de grenade additionné de cardamome.
– Sucez du citron saupoudré de sel noir (sel de roche).
– Les Indiens consomment très souvent, comme antivomitif, un médicament appelé *Mayurpichhabhasma* ou un autre appelé *Chhardiripu*, il s'agit de cendres de plumes de paon, que l'on mélange à du jus de citron et du miel.
– Sucez des raisins secs noirs.

Annexes

Dincharya : la routine de la journée

Le mot « routine » est la transcription exacte du terme sanskrit *Dincharya*. Bien qu'il ait un sens péjoratif en Occident, il désigne simplement un « emploi du temps idéal » selon l'Ayurvéda. Comme nous l'avons déjà expliqué, la définition de la santé parfaite ne se limite pas à l'approche strictement médicale. Pour assurer l'harmonie et l'équilibre holistique de l'être humain, cela ne suffit pas. Un travail intérieur, un travail sur soi, une discipline quotidienne sont nécessaires pour harmoniser son mode de vie, sa constitution. L'Ayurvéda nous conseille de suivre un programme conforme non seulement à notre nature mais à nos aspirations profondes pour tendre vers l'objectif que nous voulons atteindre.

Voici donc, en résumé et à titre pratique, le déroulement d'une journée idéale[1].

Avant d'aller travailler

L'Ayurvéda nous conseille d'harmoniser notre propre cycle avec celui de la journée et de nous réveiller une ou deux heures avant le lever du soleil. À cette heure de période

1. La plupart des gestes préconisés dans cet emploi du temps idéal sont développés dans le chapitre sur l'hygiène de vie selon l'Ayurvéda.

Vata, l'air est frais et léger. Si on se lève plus tard, on se sentira plus lourd et le réveil sera plus laborieux.

– N'utilisez pas, si possible, de sonnerie stridente pour vous réveiller. L'Ayurvéda préconise un réveil tout en douceur.

– Avant de vous lever, réveillez gentiment votre corps, en gardant les yeux fermés et visualisez la pièce où vous vous trouvez. Prenez conscience de votre corps, sentez son poids, étirez-vous, soupirez, bâillez, visualisez une image de beauté ou de sérénité, ou encore laissez venir vers vous une pensée belle et noble, une pensée d'élévation qui donnera une coloration positive à votre mental et à votre journée.

– Seulement après, ouvrez les yeux, bougez lentement et souriez au jour qui s'annonce.

L'Ayurvéda recommande, avant d'entamer un nouveau cycle, d'éliminer les déchets du cycle précédent.

– Aussi, avant de parler, nettoyez-vous la langue avec un gratte-langue pour enlever le dépôt d'*Ama* accumulé pendant la nuit puis rincez-vous la bouche.

– Buvez un verre d'eau chaude, ce médicament merveilleux dont on dit que l'utilisation régulière pourrait éviter bien des maladies.

– Puis buvez un ou deux verres d'eau cuivrée. L'eau, conservée dans un récipient en cuivre, se charge des vertus bénéfiques du cuivre et de ses propriétés anti-infectieuses[1].

– Faites *Gandouch*[2] pour purifier votre gorge et votre arrière-gorge.

– Nettoyez vos dents, vos yeux, votre nez et votre visage.

– Mettez deux gouttes d'huile de sésame dans chaque narine pour les hydrater et réveiller votre odorat.

---

1. Voir p. 98.
2. Voir p. 99.

– Éliminez les selles et les urines. Les bébés mangent souvent sans avoir évacué leurs selles, mais en grandissant il vaut mieux vider ses intestins avant de remplir à nouveau le système digestif avec le petit déjeuner.

– Effectuez un automassage à l'huile de sésame ou recevez un massage[1]. Outre l'hydratation de la peau, la souplesse des muscles et l'élimination des toxines vous apprécierez d'avoir un mental détendu et de vous sentir en forme pour aborder la journée.

– Prenez une douche plutôt froide en été et chaude l'hiver, si possible sans savon pour que votre peau soit encore légèrement imprégnée d'huile de sésame.

– Faites un peu d'exercice physique (par exemple la salutation au soleil[2]) et quelques postures de yoga suivis de quelques exercices de *Pranayama* qui vont vous amener vers le calme[3].

– Consacrez un moment à la méditation. Un grand scientifique, en regardant l'emploi du temps très chargé de ses journées, aimait à dire : « Plus j'ai de travail, plus je consacre de temps à la méditation ! » Nous ne développerons pas ici tous les bienfaits de la méditation, mais disons simplement qu'après une méditation on est plus efficace dans l'action tout en conservant en soi un espace intérieur de calme, de paix, de silence.

– Prenez un petit déjeuner léger, de préférence salé.

– Prenez soin de vos parents et de vos grands-parents.

– Si vous êtes croyant, allez au temple ou à l'église, ou encore lisez un passage d'un livre sacré. Sinon concentrez-vous simplement sur votre bien-être et votre idéal.

– Rendez-vous à votre travail.

---

1. Voir p. 82.
2. Voir p. 105-108.
3. Voir p. 112.

Pendant la journée

– Travaillez pour subvenir à vos besoins, comme le conseille l'Ayurvéda.

– Déjeunez tôt si vous le pouvez. Le déjeuner devrait être le repas le plus copieux de la journée. Choisissez bien vos aliments en fonction de la saison et de votre Dosha.

– Mangez lentement, à un rythme régulier, dans une atmosphère calme, ou mieux encore en silence. Buvez plutôt en dehors des repas.

– Si possible faites une petite sieste ou allongez-vous quelques instants. Sinon faites une petite promenade, ce qui facilitera votre digestion.

Le soir

– Profitez du crépuscule pour vous consacrer à la méditation.

– Pratiquez des activités sportives ou artistiques.

– Ayez un contact avec les cinq éléments de la nature : promenade, jardinage, etc.

– Purifiez votre corps en prenant une douche.

– Dînez sans excès, tôt dans la soirée pour que la digestion soit bien entamée au moment où vous allez vous coucher.

– Après le dîner, vous pouvez prendre du temps pour développer des contacts culturels, familiaux, religieux, sociaux…

– Avant de vous endormir, faites une relecture de votre journée et voyez où vous en êtes de votre progression vers votre idéal.

– Couchez-vous avant 22 heures pour profiter de l'énergie *Kapha* de ce moment, vous vous endormirez plus facilement.

Bibliographie

Berger, Sioux et Francès, Octave, *La Leçon de yoga* (livre avec DVD), Flammarion, 2007.

Chopra, Deepak, *Santé parfaite,* Presses du Châtelet, 2005.

Coudron, Lionel, *Le Yoga : bien vivre ses émotions*, Odile Jacob, 2006.

Edde, Gérard, *Traité d'Ayurvéda (vol. 1 et 2),* Guy Trédaniel, 1987.

Frawley, David, *La Santé par l'Ayurvéda*, Turiya, 2003.

Johari, Harish, *Massage traditionnel ayurvédique*, Courrier du livre, 1997, 1re édition.

Svoboda, Robert E., *Prakriti, votre constitution ayurvédique*, Turiya, 2005.

Van Lysebeth, André, *J'apprends le yoga,* Flammarion, 1968 ; J'ai Lu, 2004.

Vyas, Kiran, *L'Ayurvéda au quotidien,* Recto Verseau, 1996.

Vyas, Kiran, *Le Massage indien de tradition ayurvédique*, Recto Verseau, 2006.

Vyas, Kiran, *Le Yoga*, Marabout, 2007, 1re édition.

Adresses utiles et sites Internet

Un centre diffusant à la fois des informations et des formations sur l'Ayurvéda, ainsi que des massages ayurvédiques, des cours de yoga, de diététique ayurvédique... :
Centre Tapovan – 9 rue Gutenberg – 75015 Paris
Tél : 01 45 77 90 59
www.tapovan.com

Un site d'informations générales sur l'Ayurvéda :
www.ayurveda-france.org

Le site de l'Union nationale du yoga (qui regroupe un grand nombre d'associations) et de la Fédération nationale des enseignants de yoga :
www.lemondeduyoga.org

Table des matières

3
Comprendre les maladies selon les principes de l'Ayurvéda

4
Le diagnostic ayurvédique

5
Les outils de l'Ayurvéda

6
L'hygiène quotidienne selon l'Ayurvéda

7
L'Ayurvéda chez vous

ANNEXES

Photocomposition Nord Compo
Imprimé en Allemagne par GGP Media GmbH

Pour le compte des Éditions Marabout.
Dépôt légal : mai 2010
ISBN : 978-2-501-06141-4
4050779/01